珍藏本
纪念版

汉译世界学术名著丛书

贸易论

（三种）

托马斯·孟
〔英〕尼古拉斯·巴尔本 著
达德利·诺思

顾为群 刘漠云 陈国雄 吴衡康 译

2017年·北京

Thomas Mun

A DISCOURSE OF TRADE

London 1621

Nicholas Barbon

A DISCOURSE OF TRADE

London 1690

Dudley North

DISCOURSES UPON TRADE

Baltimore 1907

汉译世界学术名著丛书
（120 年纪念版·珍藏本）
出 版 说 明

2017 年 2 月 11 日，商务印书馆迎来 120 岁的生日。120 年前，商务印书馆前贤怀揣文化救国的理想，抱持“昌明教育，开启民智”的使命，立足本土，放眼寰宇，以出版为津梁，沟通中西，为中国、为世界提供最富智慧的思想文化成果。无论世事白云苍狗，潮流左右激荡，甚至战火硝烟弥漫，始终践行学术报国之志，无改初心。

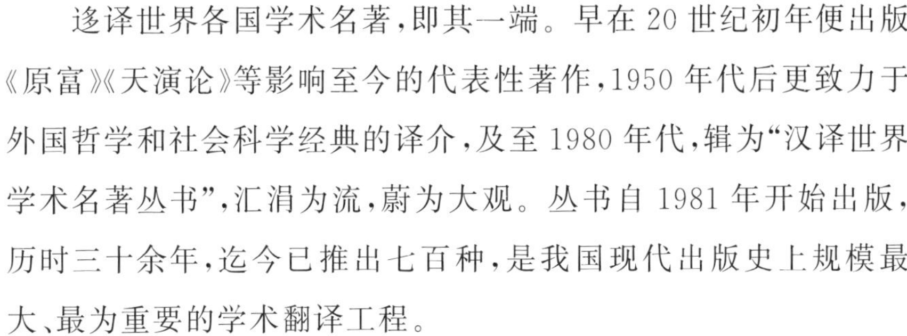

迻译世界各国学术名著，即其一端。早在 20 世纪初年便出版《原富》《天演论》等影响至今的代表性著作，1950 年代后更致力于外国哲学和社会科学经典的译介，及至 1980 年代，辑为“汉译世界学术名著丛书”，汇涓为流，蔚为大观。丛书自 1981 年开始出版，历时三十余年，迄今已推出七百种，是我国现代出版史上规模最大、最为重要的学术翻译工程。

丛书所选之书，立场观点不囿于一派，学科领域不限于一门，皆为文明开启以来，各时代、各国家、各民族的思想与文化精粹，代表着人类已经到达过的精神境界。丛书系统译介世界学术经典，引领时代思想，为本土原创学术的发展提供丰富的文化滋养，为推动中国现代学术和现代化进程做出了突出的贡献。

为纪念商务印书馆成立120周年，我们整体推出“汉译世界学术名著丛书”120年纪念版的珍藏本，寄望既利于文化积累，又便于研读查考，同时向长期支持丛书出版的译者、编者和读者致以敬意。

两甲子后的今天，商务印书馆又站在了一个新的历史时间节点上。我们不仅要铭记先辈的身影和足迹，更须让我们的步伐充满新的时代精神。这是商务人代代相传的事业，更是与国家和民族的命运始终紧密相连的事业。我们责无旁贷，必须做好我们这代人的传承与创造，让我们的努力和成果不仅凝聚成民族文化的记忆，还能成为后来人可以接续的事业。唯此，才能不负前贤，无愧来者。

商务印书馆编辑部

2017年10月

简评三部《贸易论》

又 璋

本书收录的三部《贸易论》，是英国早期资产阶级经济学家托马斯·孟、尼古拉斯·巴尔本和达德利·诺思的著作。这三部《贸易论》适应十七世纪英国资本主义经济发展不同阶段的需要，反映了当时英国资产阶级的利益和要求。它们在英国资本主义经济的发展中起过不同的作用，对后来的经济学说有过一定的影响，是了解和研究早期资产阶级经济学说及其发展的有参考价值的著作。

一

托马斯·孟（1571—1641 年）是英国晚期重商主义的突出代表。他是一个大商业资本家，政府贸易委员，东印度公司的董事。他的《贸易论》曾出版几次，最后经过作者彻底改写，于他死后二十多年，即 1664 年，由他的儿子约翰·孟以《英国得自对外贸易的财富》的书名出版。收进本书的《贸易论》是 1621 年发表的。

重商主义是西欧封建制度解体和资本主义制度产生时期资产阶级的最初的经济学说。它的发展经历了早期和晚期重商主义两个阶段。两个时期的重商主义者对什么是财富和财富源泉的看法是一致的。他们都认为货币是财富的唯一形态，认为货币多少是衡量一个国家富裕程度的标准，要使国家致富必须增加货币。但是，他们在增加货币财富的手段和方法上，却有不同的见解和主张。早期重商主义者认为一切购买都会使货币减少，一切销售都会使货币增加。他们坚持多卖少买或不买，要求以贮藏货币的形式将货币贮存起来。当时西欧一些国家采纳了他们的建议和主张，颁布了防止金银货币输出的法令，实施了吸收金银货币到国内来的政策和奖励办法。

但是，随着资本主义经济的发展，原来的国家法令和政策，越来越成为资本主义商业、工业发展的障碍。当时在英国对外贸易中起重要作用的东印度公司，深感原始的货币制度和政策的束缚，要求突破政府规定的某些限制；主张不仅应该多卖，而且应该大量地买；提出国家不仅不应该禁止而且应该允许货币输出国外，以便扩大对外国商品的购买。在英国的对外贸易中，东印度公司较早地争得了国家的特许：国家允许该公司每艘船出航一次可以出口一定数量的金银货币，但要求必须在半年内再进口相同数量的金银。因此这家公司遭到了社会上，特别是早期重商主义者的责难与攻击。托马斯·孟针对当时对东印度公司的抱怨和反对，写了《贸易论》，副标题是“论英国东印度贸易”。

托马斯·孟的《贸易论》除序言外，分四部分驳斥了对东印度公司发展对外贸易的反对意见，向国家提出了发展东印度贸易的建议，论述了晚期重商主义者的观点和主张。

在《贸易论》的序言中，托马斯·孟强调了发展对外贸易的重要性，指出对外贸易的好坏是检验一个国家贫穷与富裕的标准。

他说:“商品贸易不仅是一种使国家之间交往具有意义的值得称誉的活动,而且,如果某些规则得到严格遵守的话,它还恰恰是检验一个王国是否繁荣的试金石。”(本书第 5 页)

托马斯·孟论述了他所极力主张的贸易平衡原则。他认为在对外贸易中做到出超,才能使国家繁荣;相反,如果进口超过出口,则既浪费了外国的物资,又挥霍了本国的财富,货币自然外流。他在论述这一问题时写道:“正像出超肯定能使我们致富,使我们的货物和金钱增加一样,入超必然造成相反的后果。”(本书第 40 页)这一原则在托马斯·孟改写后以《英国得自对外贸易的财富》书名发表的著作中,表述得更加简要清楚。

作为当时商业资本家代言人的托马斯·孟已经本能地意识到积累资本的需要,这是资本主义经济发展的必然趋势。他说:“努力积聚财富和勤俭持家是一个王国金库的真正守卫者的品质,而王子禁令的威力和效力却不能起到同样的作用。”(本书第 5 页)

托马斯·孟论述了发展对外贸易的基础是国家拥有丰富的物产和出现剩余产品,这样,从外国流入的货币才能大大增加。并且说,东印度贸易就是由此诞生的。这里可以看出,托马斯·孟在强调发展对外贸易,把财富的源泉归结于流通领域时,已把生产和由生产发展而出现的剩余产品,看做是发展流通的必要条件。这说明,托马斯·孟比早期重商主义者已经前进了一步。

当时许多人认为,绕好望角去印度的新航线被发现后,特别是英国几乎所有的金银和硬币都被运走,而运回来的却是人们所不需要的物品。托马斯·孟反驳了这种意见,指出这种观点是完全不符合事实的。他举例说,从印度运回的物品,如药材、靛蓝等都是加工转运以及个人生活所必需的。不仅如此，由于从印度购得染料靛蓝，英国的呢绒远销世界各地，并受到欢迎。他并且说，发展这些行业，为英国的劳动者创造了很多就业机会，从而促进了英国的工业，如呢绒业等的发展。新航线的发现还有力地打击了竞争对手土耳其，而给英国带来了幸福。他说明了直接从印度购买所需要的数量相同的商品，比从土耳其购买这些商品费用少三分之一，每年可节省九十五万英镑，而过去这笔钱是落在土耳其手中。托马斯·孟说这些好处并不只是商人受益。

托马斯·孟还进一步论证了东印度贸易如何使国家致富。他举出了几种商品在印度的离岸价格和在英国出售的价格，中间有很大差额，如胡椒二百五十万磅，在印度是二万六千零四十一英镑，而在英国则是二十万八千三百三十三英镑。可见东印度贸易每年能使英国的货币数量大大增加。

托马斯·孟还论述了商品和货币的关系。他提出："有商品便有货币"，还说："货币是商品的价格而购买商品是货币的正当用途，两者之间的关系是紧密和不可分割的。"（本书第19—20页）他的这一观点，和早期重商主义者相比是明显的进步。他还说明了将货币投入流通、使之周转是正当的用途，而窖藏起来则是违背商品和货币的关系的。这就是说，要使国家富裕，就必须将货币投入到运动中去。所以他极力反对防止出口贸易的各种措施，反对禁止输出货币的主张。他认为这样做限制了国家致富之源。可见托马斯·孟关于货币在贸易中的作用和意义的见解已比货币主义者前进了很多。

在《贸易论》中，托马斯·孟还反驳了认为东印度贸易为制造船只浪费了大量材料，并使这些材料价格上涨的见解。他指出，造船不仅没有使造船材料昂贵，而且增强了英国的海军力量。这实际上是说东印度公司是英国对外侵略的后备力量，它储存了英国可供战争用的物资，可随时出动强大舰队从事对外的侵略扩张。这充分表明了在资本主义发展初期资本原始积累阶段，对外贸易和对外进行殖民扩张的密切关系。

托马斯·孟还论述了发展航运业和转运贸易，论述了厉行节约，避免浪费以及消除在对外贸易中危害国家的因素等等。为了积极争取发展东印度贸易，他向国家提出了与货币主义者不同的主张和建议。

托马斯·孟通过他的这一著作反对了早期重商主义，提出了与之相对立的晚期重商主义的理论和政策。它标志着由早期重商主义转变到晚期重商主义。马克思在评价托马斯·孟的这部著作时这样指出：“它攻击当时在英国作为国家政策还受到保护的原始的货币制度，因而它代表重商主义体系对于自己**原来体系**的自觉的**自我脱离**。”并且说，这本著作从一开始就“对立法产生了直接影响”（《马克思恩格斯全集》第 20 卷，第 252—253 页）。

二

尼古拉斯·巴尔本（1640—1698 年）是十七世纪英国著名的资产阶级经济学家。巴尔本最初在莱顿学医，在乌特勒支获医学博士学位。1664 年被推举为伦敦医师公会名誉会员。1666 年伦敦大火后，他感到建立火灾保险的必要，在他的倡议下，伦敦建立了第一家火灾保险公司。他在1690年和1695年两度当选为国会议员。1695年到1696年，他建立并经营土地银行。巴尔本的著述颇多，主要有：《给一位乡村绅士的信》(1684年)、《为营造者辩护》(1685年)、《对减息反对论的答复》(1694年)、《土地银行论》和《新币轻铸论》。《贸易论》是他在1690年发表的。

马克思对巴尔本的评价很高，指出他"特别在理论方面进行过研究并获得巨大成就"(《马克思恩格斯全集》第23卷，第677页)，把他和配第、孟德维尔、魁奈并提。马克思在《资本论》第一卷中多次提到巴尔本，并在多处引证过他的论述。比如，马克思在阐述商品的交换价值时写道："在商品交换关系中，只要比例适当，一种使用价值就和其他任何一种使用价值完全相等。"(《马克思恩格斯全集》第23卷，第50页)马克思接着引证了巴尔本《新币轻铸论》中的一段话："只要交换价值相等，一种商品就同另一种商品一样。交换价值相等的物是没有任何差别或区别的"。(转引自上书)在这里，马克思是认为巴尔本的观点和自己的观点是相一致而加以引用的，肯定了巴尔本在商品交换价值这一点上的论述。同时，马克思对巴尔本的错误观点也进行了批评。如对巴尔本关于流通手段量决定价格的看法，对调节流通手段量的规律的错误理解等，马克思在阐明有关理论时，都作了深刻有力的分析和批判。(参阅：《马克思恩格斯全集》第23卷，第143、149、166页)

巴尔本的《贸易论》是一部理论性的著作，全书篇幅不大，但涉及的范围较广。书中对贸易作了全面的论述，对重商主义的理论和实践进行了批判。

巴尔本和托马斯·孟一样，在《贸易论》的开头就指出了贸易的重要。他批判了反对发展贸易的看法。同时，他认为过去对贸易大都是各自从自己的利益出发，对一些特定贸易部分进行论述，而不了解整体与局部之间的关系，不考虑它们之间的各种比例标准，因而不能正确描述整个贸易。他指出，晚期重商主义的主要代表托马斯·孟的《贸易论》也是不全面的。但是我们从他的论述中看到，他对贸易的发生、发展的真正原因也是认识不清的。

在《贸易论》中，巴尔本论述了什么是贸易的问题。他说："贸易是为他人制造和出售一种货物。"（本书第51页）他进一步指出，进行贸易的一切商品是整个世界的动物、植物、矿物，包括陆地或海洋的一切。按照他的说法，这些商品又分为自然商品和人工商品。它们由于各国的气候、风土不同而分别成为各国的主要商品，这些主要商品是永不枯竭的。而且，任何一个国家的主要商品是该国的财富，也是对外贸易的基础。从巴尔本对贸易的分析可以看到，他与重商主义者不同，在他的贸易观念中已明确地包括了制造业，并且指出这些商品是进行对外贸易的基础。

巴尔本论述了和贸易相关的商品、价值和价格问题。他认为商品的价值是由商品的效用决定的。他说："一切商品的价值来自商品的用途，没有用的东西是没有价值的"，又说："商品的用途在于满足人们的需要。人生来就有两种总的需要，即身体的需要和精神的需要。世界上满足这两种需要的一切东西都是有用的，因此都有价值。"（本书第55—56页）当谈到人的精神需要与商品价值的关系时，他指出商品价值是完全由精神需要决定的。他说："大多数物品的用途是满足精神的需要，而不是满足身体的需要。而且这些需要的绝大部分是由于想象而产生的，精神发生变化，物品变得没有用了，也就失去了它们的价值。”(本书第57页)这一点可以归结得更明确些，这就是，人的主观爱好和需要决定商品的价值。这里我们看到，在边际效用学派以前很久，巴尔本就有了商品的价值决定于物品的效用的思想，但这一思想当时并没有流行。

在论述货币时，巴尔本指出：“货币是法律规定的价值。”(本书第58页)他进一步分析了货币的用途，认为货币是用来计算一切物品的价值，作为一切其他物品的价值的替换物的。因此，货币的价值必须由法律明确规定，否则这两项用途都不能实现。他并由此推论说，因为唯一的价值是来自法律，货币就不绝对需要由金银制造。他认为值若干先令或若干英镑的标记打在什么金属上并不重要，它由黄铜、铜和锡或其他任何别的东西制造，具有同样的价值，起着同样的作用。他指出，重商主义者非常重视金银并认为金银本身有内在价值的看法是错误的。他说这一错误产生的原因，是货币由金银铸造，以致他们不能辨别货币与金银。他说，货币有确定的价值，因为它是法定的，而金银的价值是不确定的。巴尔本批判了重商主义者认为货币是财富的唯一形态的看法。巴尔本的这些论述反映出重商主义学说已开始解体，但巴尔本不理解货币的本质、起源及其职能。他在论述价值尺度的职能时将价值尺度与价格标准混同了。

巴尔本提出，随着商业的发展，信用也必然发展，进而论述了对利息的看法。他说：“利息是财货的租金，正像它是土地的租金一样。”(本书第62页)可见，巴尔本在这一时期，对利息也有了一定的理解。与此同时，他还论述了作为财货借来的货币不能放在身边而造成失去利息损失的见解。但是他对利息的看法还是有局限的，并且错误地主张利息应由国家法律规定。

巴尔本论述了贸易的用途和利益。他提出“贸易的用途在于制造和提供为生活的维持、防御、舒适、欢乐和豪华所必需的或对这些有用的物品”。（本书第 63 页）他说，贸易可以使政府增加收入，为劳动者提供就业机会。同时，巴尔本和托马斯·孟一样，认为贸易有助于帝国的扩大，实际上是主张结合贸易进行对外侵略。他说：“如果一个世界性的帝国或者一块非常辽阔的版图能够在世界上重新建立起来，那么，这看来很可能是靠贸易实现的。”（本书第 65 页）他并进一步论述了向欧洲以外地区进行扩张的主张。这一点说明了巴尔本同样认为在资本主义的发展中，贸易总是同对外侵略结合在一起的。

巴尔本分析了促进贸易的原因，指出了促进英国贸易发展的因素。他认为那种禁止外国商品输入的重商主义政策是错误的。他主张贸易自由，反对靠国家干预和限制贸易达到贸易平衡的做法。他认为期望靠禁止办法得到好处的特殊贸易往往是一种失策，因为这并不等于使不禁止的商品销路更好。他说：“任何国家制定禁止一切外国货物的法律，都会使其他国家也制定同样的法律，后果将是毁掉一切对外贸易。”（本书第 79 页）他提出，英国要发展对外贸易，就必须改变“禁令多，利息高”的做法，实行自由贸易。

巴尔本的《贸易论》反映了英国资本主义经济进一步发展时期对重商主义的理论和实践的反对，它发出了当时新兴资产阶级要求发展资本主义的呼声。巴尔本是重商主义解体时期资产阶级经济学家的著名代表。

三

达德利·诺思(1641—1691年)是十七世纪英国资产阶级“最著名的理论经济学家之一”(《马克思恩格斯全集》第25卷,第691页),是资产阶级古典政治经济学初期的代表人物。他是英国的一个第一流的商人,曾在土耳其君士坦丁堡经营商业,回国后在海关和财政部任职。他的主要著作是1691年出版的《贸易论》。

诺思和巴尔本生活在同一个时代,这期间资本主义经济有了进一步的发展,重商主义的理论和政策逐渐成了资本主义发展的障碍。诺思的《贸易论》对重商主义进行了有力的批判,同时论述了自由贸易的主张。诺思的“这部著作……和配第的著作直接有关,并直接以配第的著作为依据”。(《马克思恩格斯全集》第26卷I,第394页)

诺思的《贸易论》包括前言、论减低利息、论铸币和附录几部分。在前言中,作者以第三人称讲述了几篇文章的特点,抨击了当时英国社会上的不良文风,提出了“这几篇文章的主题,即商业和贸易以及作者对它们的态度”(本书第95页)。

诺思反对重商主义者认为货币是财富唯一形态,对外贸易是财富源泉的观点。他在探讨贸易的性质时,论述了什么是财富以及什么是财富的真正源泉。他说:“有些人由于勤劳和精明从地里生产出超过供应自己消费需要的果实,于是他们把剩余的东西留下来,这就是财产或财富。”又说:“贸易不外是多余物品的交换。”(本书第103页)他还提出,只要人们勤劳,随着时间的推移,不仅他们得到供给，而且外国商品也会大大过剩，扩大他们的贸易，从而得到巨大的好处。这里我们可以看到，诺思已把贸易和生产联系起来，从生产上论述对财富和贸易的看法，这和重商主义者相比已前进了一大步。但他是用“温和政治经济”中田园诗式的语言来描绘资本原始积累的。马克思指出：“事实上，原始积累的方法绝不是田园诗式的东西。”(《马克思恩格斯全集》第 23 卷，第 782 页)

诺思的《贸易论》主要是研究商业资本。马克思在讲到诺思这方面的成就时指出：“在他所研究的问题的范围内，表现了行家的谙练”。(《马克思恩格斯全集》第 26 卷 I，第 394 页)

在《贸易论》中，诺思论述了他对利息的观点。按照他的说法，土地所有者可以出租土地而获取地租，资本所有者可以出租他的资金而得到利息。他说：“所谓利息不过是资本的租金罢了。”(本书第 105 页)他并进一步讲道：“当地主或当财主是一回事；地主有利的地方只在于他的佃户不能把土地带走，而资本的债户却可以把资本带走；因此土地提供的利润应当比冒较大风险借出的资本所提供的利润少。”(本书第 105 页)这里可以清楚地看出诺思把利息和地租对立起来，这实际上反映了当时资本家和地主之间的矛盾。马克思在评论诺思的这些观点时指出：“这是**资本**起来反抗**土地所有权**的最初形式。”(《马克思恩格斯全集》第 26 卷 I，第 395 页)

关于利息率，诺思的见解比配第和洛克的见解都较正确。配第在论述利息时混淆了货币和借贷资本的区别，洛克认为利息决定于流通中的货币量。而诺思则认为决定利息率的不是货币，而是借贷资本的供求关系。他说：“如果放债人多于借债人，利息也将下降;所以,并不是低利息促成贸易,而是贸易日益发展,增进了国民资本,使利息下降。"(本书第106页)可见,在利息问题上,诺思的观点与配第的经济学说之间明显地存在着继承关系,但诺思对利息率的看法已较配第、洛克前进了一步。马克思说:"诺思看来是第一个正确理解利息的人"。(《马克思恩格斯全集》第26卷I,第395页)诺思还明确提出,贷款利息应由市场自由决定,不应受法律约束。他认为法律限制利息会给贸易造成很大障碍,这种法律也是收不到效果的。

诺思与重商主义者不同,认为货币是一种商品,是买与卖的衡量尺度。他说:"金银和用金银铸造的货币无非是衡量的尺度,有它们比没有它们更便于交易"。(本书第115页)诺思所说的买和卖的衡量尺度,也就是商品交换时用货币表示的商品的价格。商品先在价格中表现为交换价值,以便以后再转化为使用价值,马克思指出:"在经济思想方面迈出的最初的步伐之一,就是认为金银在这里只作为商品本身的**交换价值的存在形式**,作为**商品形态变化的一个因素出现**,而不作为金银本身出现。"(《马克思恩格斯全集》第26卷I,第396页)诺思受所处时代的局限,不可能明确地说明这一点,但他对这一问题的论述是很巧妙的(马克思语)。诺思是这样说的:"因为货币是买和卖的通用的尺度,所以每一个要卖东西而找不到买者的人,总以为他的商品卖不出去是因为王国或国内缺乏货币,因此到处都叫嚷缺乏货币。然而这是一个大错误……"(本书第111页)诺思并举例说明了这一问题,他指出,叫嚷缺乏货币的那些人究竟要的是什么呢?比如乞丐,乞讨货币,如果有了货币,他将用它购买面包等等。这表明实际上他要的不是货币，而是面包和其他生活必需品。诺思进一步指明，叫嚷缺乏货币是个错误，因为货币是不会缺乏的。他说，货币的来去，是会自行调节的，货币少了，金银块就铸成货币，反之，超过商业的需要，货币就会被当做金银条块对待；铸币就像旧金银器一样，只能按它所含的成分出卖。从诺思的论述中可以看到，他已把货币还原为商品，金银具有便于充当货币的条件，因而成为货币并在流通中执行许多职能。诺思对货币的理解已经解脱了拜物教观念的束缚。但他并没有也不可能真正了解货币的起源和本质以及货币所执行的职能。

在《贸易论》中，诺思实际上论述了货币作为资本必须不断投入运动使之自行增值价值。他写道："谁也不会因为用货币、金银器等形式把自己的全部财产留在身边而变富，相反，倒会因此而变穷。只有财产正在增长的人才是最富的人，不管他的财产是农场的土地，还是放出去生息的货币，还是投入商业的货物。如果有人出于一时的高兴，把他的全部财产换成货币，并死藏起来，他就立即感到自己的穷困随着吃空活资本而增长。"（本书第111页）可见，诺思已经认识了货币的贮藏和货币的自行增值之间的对立，认识了作为资本的货币的意义。诺思的这一思想是"古典政治经济学最早的发现之一"（《马克思恩格斯全集》第26卷Ⅰ，第397页）。

诺思反复论述了贸易自由的思想。他坚决反对国家干预经济的政策，主张国内、国外贸易必须自由进行。他说："阻碍贸易的法律，不论是关于对外贸易或是国内贸易，不论是关于货币或其他商品，都不是使一个民族富裕、使货币和资本充裕的要素。"他并且说："我们可以费力筑篱去围杜鹃鸟，但这是徒劳的，因为从来也没有一个人是靠政策致富的;而和平、勤劳和自由却能促进贸易和财富,此外别无其他途径。"(本书第 125 页)诺思关于自由贸易的思想,反映了英国资本主义经济的发展已经达到无须国家的保护就可以在世界上取得统治地位的程度。但诺思写这部著作时,正是英国保护关税获得最终胜利的时候,因此,这一著作的发表并没有得到当时权贵们的重视。然而它在理论上确实发生了影响,在诺思死后英国出版的一系列经济著作中,可以看出它们同诺思一些观点的关系(参阅《马克思恩格斯全集》第 26 卷 I,第 258—259 页)。

总 目 录

贸　易　论

论英国东印度贸易：答对这项贸易的常见的各种反对意见

〔英〕托马斯·孟　著

顾为群　译

内 容 提 要

本论文分几部分反驳了针对东印度贸易的四种反对意见

论英国东印度贸易

——答对这项贸易的常见的各种反对意见

商品贸易不仅是一种使国家之间交往具有意义的值得称誉的活动，而且，如果某些规则得到严格遵守的话，它还恰恰是检验一个王国是否繁荣的(我暂且这样称呼它)试金石。像一个人一样，不管他的收入是多少，只要他量入为出，并且每年为他的后代积蓄一笔赡养费，我们就可以指望他会发家，变得富裕起来。同样，那些极力使出口超过进口，并且尽量少使用外国产品的王国，也是这样繁荣起来的。因为，毫无疑问，这多出口的部分是必须用货币支付的。然而，如果进口超过出口，既浪费外国的物资又挥霍本国的财富，那么，货币必然要外流，为这种无节制的行为付出代价。随着人们物质生活水平的下降和精神上的堕落，很多原来富裕的国家变得极为贫困，它们的人民虽然深受其害却总把错误归咎于别的原因。

因此，努力积聚财富和勤俭持家是一个王国金库的真正守卫者的品质，而王子禁令的威力和效力却不能起到同样的作用。

显然，在进口外国货物时不但需要注意它们的比例或数量，而且也应当考虑到它们的质量和用途，以便先获得最需要的东西，例如：粮食、衣服、用于战争和贸易的物品。一旦一个国家有幸拥有充足的这些物品，它便需要得到用于维持健康的物品和生产工具，最后需要得到的是用于享受和装饰的物品。

现在，一方面托上帝宏恩英格兰王国的物产极为丰富，很久以来就拥有大量上述各种物品，另一方面，由于产品有剩余，从外国流入的货币也大大增加了她的财富。产品过剩导致了很多有价值的贸易的诞生，其中之一叫做东印度贸易。东印度贸易虽然在全世界已享有盛名，但在国内怨声日趋高涨。这使我感到很为不安（我是东印度贸易协会的成员之一）。我对这种思想混乱的真正原因作了一番探讨。我的结论是：大多数抱怨者是出于无知，他们尚未发现这件非常重要的事情的奥妙。一些人是由于懒惰，没有参加上面提到过的协会，要么就是因为他们认为自己做的其他生意受到了东印度贸易的妨碍。另一些人则是思想完全堕落的人，他们不仅自己存心犯这种错误，而且还竭力引诱别人这样做，以便使我们伟大而光荣的王国在外国的政策和力量不易削弱的情况下自取灭亡。现在是对这些危险的倾向作斗争的时候了。斗争方法是真实地叙述上面提到过的东印度贸易的过程，并且回答那些常见的反对东印度贸易的意见，使整个王国都了解这些误解和错误。目前，高贵的议会是王国最好的代表。我希望议会就这项贸易的价值进行切实的调查，以便最终使它光荣地得到批准。

第一种反对意见

（许多人说）绕好望角去东印度的航线如果从来就没被发现，对于基督教世界来说倒是一件好事，因为每年从英格兰、葡萄牙和低地国家出发的商船队,运走了基督教世界尤其是我国几乎所有的金子、银子和硬币,用来购买我们不需要的物品。

回　　答

这种反对意见所涉及的问题很重要,应当给以充分的回答。为了回答得更好,我把它分成三个部分。

一、第一部分论述通常从东印度运到欧洲的药材、香料、生丝、靛蓝和白布等物品的用途。

二、第二部分说明上述物品过去以及现在运到欧洲来的方法。

三、第三也是最后一部分,证明英国的货币不但没有减少,反而还会由于上述贸易而大幅度增加。

第一部分关于印度物品的使用。

现在来谈第一部分。谁会那么愚昧,在那个遐迩闻名的国家里不愿意适当使用有益于健康的药材和美味的香料呢?自古以来许多国家的人民就渴望得到这些药材和香料,因为它们不单单是一些人喜欢,为一些人服务(很多水果和葡萄酒往往是这样的),而是人们保持身体健康、医治疾病所必需的。一些有学问的人对这个问题作过论述,已经把问题谈得很透彻了。因此,在这里我无须对这些药材和香料的各种用途和好处作更多的议论。如果有人想更清楚地了解这个问题,可以仔细阅读那些学者撰写的有关著作。这样做对所有的人同样都是有益的。

托马斯·埃利奥特所著《健康的城堡》,伦伯特·多多那斯所著《植物的历史》,《法国学院》第二部分及其他。

但是,假使人们又说,不少国家不用药材和香料。那么,我的回答是:这些国家的人民要么是不知道它们的好处,由于缺少这些物品而遭受痛苦;要么是贫困得无法获得这些他们非常想得到的物品。我力求简明扼要，不打算在这个问题上多啰嗦。因为那些持反对态度的人还可以说，蔗糖、葡萄酒、食油、葡萄干、无花果、梅脯和无核小葡萄干对我们来说都是没有用的，而且更有理由反对每年进口价格极为昂贵的烟草、金银线织品、上等细布、麻纱、金银线花边、天鹅绒、缎子、塔夫绸和许多其他产品。这完全是事实：消费这些物品要花掉我们的货币，然而，适量使用这些物品同王国的财富和尊严是很相称的。

我现在谈一谈生丝和靛蓝。靛蓝是呢绒的非常好的染料。由于使用了靛蓝，我们的呢绒在世界很多国家里都深受欢迎，为王国增添了光彩。此外，它们还创造了很多就业机会，帮助了成千上万的穷人。呢绒业始终雇用了很多人做纺织工作。只要搞得好，而国王陛下又继续允许进口生丝，就有充分的理由希望，在短期内，辛勤的劳动会使这桩生意兴隆起来，它会给我国带来幸福，正如在过去很多年里给意大利各邦和近年来给法兰西王国和低地国家联邦带来的幸福一样。

法兰西和低地国家近年来也开始生产大量熟丝，而以前它们的熟丝是从意大利进口的。

现在谈谈各类白布的贸易。最近英国人也开始进行这项贸易了。尽管说，这种商品对基督教世界的所有国家都有利并不完全正确（这种商品中的一部分是异教徒生产的，但大部分是基督教徒生产的），然而它还是很有用处，尤其对我国来说是这样。它不仅增加了王国的对外贸易，还使麻纱、荷兰麻布和其他各种亚麻布的价格大幅度下降，而我国是每天都要花大量的钱进口这些布料的。

法兰西、意大利、南巴巴里(Barbary)和其他国家。

关于印度产品用处的问题，说这些话也就够了。下面，我要叙述一下这些产品进口到欧洲来的方法。

第二部分说明印度产品从前和现在运

有些人认为东印度与欧洲的贸易始于绕好望角航线的发现，

他们错了。在那以前很长一段时期里，东印度各地一般是每年用船将其货物运到红海中的穆哈和波斯湾的巴尔塞拉（Balsera）。然后土耳其人从这两个地方用骆驼花五十天时间把这些商品转运（费用很高）到叙利亚的阿勒颇和埃及的亚历山大（这是两个集市城镇）。来自各国的商人，其中包括土耳其人和基督教徒，再从这里继续把货物经海路运往欧洲各地。这使基督教世界的共同敌人——土耳其人成了这项贸易的主人。它为土耳其苏丹的臣民提供了大量就业机会，使他们变得非常富裕。此外，高关税使他们的海关金库得到充实。然而，上帝使我们发现了绕好望角去东印度的航线（英国人、葡萄牙人和荷兰人已经经常使用这条航线，基督教世界的其他国家也打算这样做）。这不仅极大地打击了印度人和土耳其人在红海和波斯湾进行的巨大贸易（给土耳其人造成很大损失，同时有力地促进了基督教国家的贸易），而且还给整个基督教世界，尤其英王国，带来更大的幸福。英国货的需求量由此而增加，每年从欧洲外流到异教徒那里去的白银和以前相比也减少了成千上万磅。我将在下面极为清楚地证明这一点。

到欧洲来的方法。

各种香料的税率一律是百分之二十二；生丝大约百分之二；大约之八。

首先，有必要列举一下欧洲每年香料、靛蓝和波斯生丝的消费量，然后再考虑从阿勒颇经海路运输这些货物时的商品离岸价格和同样货物从东印度各港口启运时的一般离岸价格。这时，遭到很多人，尤其是我们本国人，坚决反对的东印度贸易的好处就显示出来了。这些人要么是出于无知，要么就是不怀好意。他们不仅自己犯下了很大的错误，而且还唆使其他人破坏我国的荣誉和繁荣。让我暂且不对这些人加以评论，先把上述货物的数量和价格列举如下：

这些人不愿看到王国繁荣起来。

在阿勒颇

欧洲每年香料、靛蓝和波斯生丝的消费量。

胡椒 6,000,000 磅 阿勒颇的费用包括 在内每磅 2 先令	600,000 英镑
丁香 450,000 磅 每磅 4 先令 9 便士	106,875 英镑 10 先令
肉豆蔻干皮 150,000 磅 每磅 4 先令 9 便士	35,626 英镑
肉豆蔻 400,000 磅 每磅 2 先令 4 便士	46,666 英镑 13 先令 4 便士
靛蓝 350,000 磅 每磅 4 先令 4 便士	75,833 英镑 6 先令 8 便士
波斯生丝 1,000,000 磅 每磅 12 先令	600,000 英镑
	1,465,001 英镑 10 先令

下面是同样货物在东印度的离岸价格，数量和质量不变。

在东印度

胡椒 6,000,000 磅 印度的费用包括在内 每磅 2½ 便士	62,500 英镑
丁香 450,000 磅 每磅 9 便士	16,875 英镑
肉豆蔻干皮 150,000 磅 每磅 8 便士	5,000 英镑
肉豆蔻 400,000 磅 每磅 4 便士	6,666 英镑 13 先令 4 便士

靛蓝 350,000 磅
每磅 14 便士 } 20,416 英镑 12 先令 4 便士

波斯生丝 1,000,000 磅
每磅 8 先令 } 400,000 英镑

511,458 英镑 5 先令 8 便士

这些数字清楚地表明,从印度购买上述数量的生丝、靛蓝和香料所需的费用,只是从土耳其购买这些东西所需费用的三分之一,每年可为基督教世界节省九十五万三千五百四十三英镑四先令四便士的现金,而在此之前这笔钱却从基督教世界外流到土耳其。这是一件非常重要、后果非常重大的事情,不认真考虑是难以相信的。为了避免在此问题上留下任何疑问,我有必要就一些细节作出解释。

每年为基督教世界节省外流到土耳其去的价值为九十五万三千五百四十三英镑。

最重要的是,不应当认为只有商人才能得到上面提到的好处,因为正像在下面将证明(上帝保佑)的那样,廉价的货物使整个基督教世界受益不浅。

第二,与派船去土耳其运载这些货物相比,商人去东印度需要更长的时间,冒更大的风险,付出更高的保险金和运费,包括购买干粮、燃料和支付水手工资的费用。在考虑这两项贸易的巨大差别时必须了解这些细节。这样,当我们看到购买我国产品,看到雇用工人的费用在印度货物价格中占很大一部分的时候,就会感到宽慰了。这不仅不会损害国家(像一些人错误地认为的那样),反而会给它以很大的帮助。下面,我将进一步证明这个论点。

仅举胡椒为例:在东印度用十先令买来的胡椒需要另外三十五先令来支付

首先,那些在阿勒颇、穆哈和亚历山大同土耳其人进行生丝、药材、香料、靛蓝和白布贸易的波斯人、摩尔人和印度人一直搞的

所有其他费用，才能运到伦敦。

波斯人和印度人每年从土耳其运走大量货币。

是现金交易，并且现在也是这样做的，这是毋庸置疑的事实。他们并不需要许多外国的其他产品，少许薄条纹布、珊瑚、熟丝、呢绒布和其他一些小宗商品，每年总共也不过是四万或五万英镑，不会超过得太多。这是与从阿勒颇和君士坦丁堡运到波斯去购买生丝和从穆哈运到印度去购买白布、药材、蔗糖、大米、烟草以及其他产品的货币数量不可比拟的，前者每年至少是五十万英镑，后者大约是六十万英镑。因此，异教徒互相之间仍然有着大宗的贸易，不仅有各种白布和其他具有各种用途的商品的贸易，还有波斯的生丝贸易，而这些生丝都最终被运到了基督教世界。

东印度公司打算经海路直接从波斯运输生丝。

那么，英国东印度公司这个企业到底有多大存在价值呢？经过这个公司的努力，如果能从波斯湾用船直接运输货物，就很有希望可以把这项巨大贸易中的一大部分抓到英国手里来，从而进一步严重破坏土耳其人的就业和航运业，并减少他们的海关收入，同时降低整个基督教世界货币的外流量，正像目前在香料和靛蓝贸易中已经做到的那样。

如果我们用这种方法获得生丝——这样做更加有利，也更加方便，它将把货币吸引到这个市场来，而不是像目前那样把货币送到土耳其人的那些遥远的属地去，那么，谁还会对我们需要白银来进行这项贸易产生疑虑？

有人可能认为，基督教徒是用其他产品在那些地方换取波斯生丝，或是把每年在阿勒颇、亚历山大、君士坦丁堡和其他地方出售大量商品赚得来的货币用来购买生丝的。

回答是：威尼斯人、法国人或荷兰人在那些地方出售的本国产品都没有他们从那儿购进用以满足自己需要的土耳其人的产品多,如:叙利亚产的细生丝、薄条纹布、丝织的粗松织物、原棉、棉纱、亚麻、大麻、羊毛、大米、皮革、蜡等许多其他产品,因此仍然需要用现金来购买波斯的生丝。只有英国人在这方面同所有其他国家相比拥有优势,因为他们每年出售大量各色细平布、锡和其他商品赚来的钱,除了够用来购买上述的土耳其产品(这些产品都是有用的),还能用来购买三百包波斯生丝。

如果有一年碰巧他们购买的生丝比他们出售的货物多,那么,他们必须从马赛、热那亚、利戈内(Ligorne)、威尼斯或荷兰等港口运出现金,而且他们也的确是这样做的。土耳其帝国之所以拥有如此多的黄金和白银来进行东印度贸易,就是因为它采取了上述办法。每年都有很多基督教徒的船只装载小麦到爱琴海一带出售赚取现金。波兰、匈牙利和德国也要花费很多黄金和硬币来购买薄条纹布和丝织的粗松织物。然而,最引人注意的还要属大开罗铸造的大量金币和少量银币。铸币用的金锭和银锭都是从埃塞俄比亚阿比西尼亚人居住的地区,用很多贵重商品如天鹅绒、缎子、金线织品、塔夫绸、呢绒布、磨光珊瑚等换来的,每年用两辆大篷车拉回开罗。

通过上面对于土耳其人同基督教徒、波斯人和印度人进行的贸易的连贯叙述,我说明了东印度商品以前和其中一部分目前运进基督教世界的方法。令人难以置信的是土耳其人会允许这样大量的货币每年通过他们的属地运给印度人和他们的宿敌波斯人,为了解释这一点,我想把问题说得更清楚一些。

首先,正像已经表明的那样,在生丝贸易方面土耳其人除从基督教徒手中赚取现金之外,还通过征课关税获得很大的利益,并且

每年马赛运到阿勒颇和亚历山大去的现金达五十万英镑,而只运很少或不运任何产品。威尼斯运去大约十万英镑,并且还运去大量产品。低地国家运去大约五万英镑,运去的产品不多。墨西拿运去两万五千英镑的现金。

阿比西尼亚人是埃塞俄比亚的一个民族。由于受埃塞俄比亚的影响变得迟钝、懒惰,并缺乏技艺。但他们拥有不少金矿和一个银矿,所以能够购买他们所需要的外国货物。

从贸易创造的大量就业机会中也得到不少好处。其次，白布对于

土耳其除了从印度获得亚麻布外，几乎没有别的办法。

土耳其人来说是必不可少的。（土耳其帝国几乎或完全没有别的获得亚麻布的办法。）尽管白布贸易已经并正在用掉他们大量的货币。基督教徒一直就通过经营生丝加工为无数穷人提供了救济，各个治理极为有方和繁荣的国家的政策，使这些穷人的温饱得到确实保证。土耳其人与基督教徒不同，他们没有对白布进行任何加工。这里，我可以举热那亚、佛罗伦萨和卢卡诸邦为例。这几个

意大利的一些城邦发展技艺的做法。

城邦为了使技艺和贸易得到发展，每年至少要从西西里进口价值五十万英镑的生丝。为了支付购买这批生丝的费用，它们在那不勒斯、巴勒莫、墨西拿和其他地方出售一定数量的佛罗伦萨火腿和

每年从意大利诸邦运到西西里去的现金。

其他产品，每年价值大约十五万英镑。其余的三十五万英镑全部用现金支付。这是它们为了发展贸易自愿放弃的一笔钱。经验告诉它们，贸易已经成为它们所从事的行业，而且是赚钱的。因为加工后运到法兰克福和其他市场出售的生丝更有助于它们履行同佛兰德的西班牙国王签订的合同，而白银必然再一次从西班牙回到意大利。但是，如果要把这个过程和其他有用的细节讲完，未免过于冗长乏味了，并且无法简明扼要。

现在我来开始消除一些人的疑虑。这些人可能是出于对外国情况的无知，以为不论是威尼斯还是马赛，都无法或还无意每年使这样大量的现金外流，尤其是作为法国一部分的马赛，更不愿这样做。我们海峡对面的邻居每天都对我们说，他们所能带出法国的黄金和白银的数量以旅行者的必需为限，不得超过这个数量。然而，尽管这样，经验还是告诉我们，他们为了进行（我们现在讨论和他们非常珍重的）贸易，总是可以自由地把黄金和白银这样的现金

带出上述两地。他们并不缺少货币,因为上面提到的商品为他们赚了大量的货币。

马赛和威尼斯获得现金的方法。

首先,马赛的现金不仅来自热那亚、利戈内、卡塔赫尼亚(Cartagenia)、马利加(Malliga)和西班牙与意大利的许多其他港口城镇,而且还来自巴黎、罗昂、圣马洛(Sainct Malloes)、托卢斯(Tolouse)、罗歇尔(Rochell)、迪普(Deepe)和法国的其他城市。这些城市无法大量储存从西班牙和德国得到的货币。

当西班牙国王去意大利和佛兰德办事时,意大利商人借钱给他。

同样,威尼斯人通过把上面提到的生丝和其他产品运到意大利各邦、德国和匈牙利(这些国家没有几种能同威尼斯进行易货交易的商品,只能用现金支付)销售,赢得了很大的利润。因为匈牙利和德国的金矿和银矿产量都比较高。意大利各邦尤其是热那亚、佛罗伦萨和米兰总可以从西班牙得到里亚尔(货币单位——译者),作为西班牙国王去意大利和佛兰德办事时当地商人给他的大量贷款的偿付。关于所有这些问题,我本可以进行很长的叙述,然而我认为我说的话已经够多了,已经说明了从前和现在通常东印度和基督教世界之间是如何进行贸易的,每年要向国外支付多少现金,由谁支付这笔钱,以及这笔钱是如何使用的和可以怎样使用等问题。下面我要对一些人的反对意见作出回答,证明东印度贸易根本不浪费我国的黄金、白银、硬币或其他财宝。

第三部分说明东印度贸易是如何使王国富裕起来的。

首先,有谁不知道在东印度黄金与白银之间没有兑换的比价呢?英国银币与西班牙里亚尔之间的比价也不是按照这里的几种价格制定的。此外,国王陛下还规定不允许东印度公司把王国的任何金币或银币运出国去,而只准许每年运出国一定数量的外国银币。由于东印度公司担心违反国王的法令,迄今为止运往国外的白银甚至连国王规定之内的数量都没有达到。

这一点在公司的账簿里是记载得很清楚的。从1601年开始进行东印度贸易到1620年7月，公司仅运出国相当于五十四万八千零九十英镑的西班牙里亚尔和一些元，而按照许可公司本可以运出相当于七十二万英镑的外币。

自从开始进行东印度贸易以来东印度公司到底运送出国多少货币和产品。

在同一时期内，公司还从王国运出价值二十九万二千二百八十六英镑的各色细纹布、克瑟手织粗呢、铅、锡和其他一些英国和外国商品，使我国出口到那些遥远的地方去的商品总额大大增加，而这些商品以前在那些地方是从来没有出售过的。

英国向印度出口的商品增长。

我还要提请你们注意时间和辛勤劳动是如何使这项贸易得到发展的。在过去的三年里运到印度去的产品要比那以前的十六年里运去的还要多。而且，贸易的增长还不会到此为止，因为在红海和波斯湾地区新近又开辟了一些市场。这给我们带来了获得更好的货物的希望。最近我们从斯帕汉(Spahan)来的信中了解到，那里的英国代理商已准备好了一大批生丝，(上帝保佑)大约明年8月可以运回国，并且还鼓励我们大量地出售英国棉布、克瑟手织粗呢、铁、锡和其他商品，而经验(从以前出售这类商品过程中得到的)已为我们充分地证实了出售这类商品的正确性。

在印度各港口之间进行贸易会大大增加我们的钱财。

在我结束对此问题评论的时候(在东印度用当地商品开辟一个王国同另一个王国或一个港口同另一个港口之间的贸易，这样做可以大大增加我们船只的使用和用这些船只从英国运去的货币和商品的数量。这些问题本来是有不少可写的，但这里从略了)，我还要说明，不论每年有多少外国现金从我国运往东印度我们都不用担心，因为国王陛下已在他赐予东印度公司的专利证中极为

运往印度的货币都是外国硬币。

谨慎地作出了这样的规定,即:公司兄弟每年运回国白银的数量须与其运出国的相等。的确,东印度公司一直就是这样做的,而且运回的现金还要比运出的多,从而增加了王国的货币总量。公司按照一定的价格、一定的交货时间签订合同出售和购买商品,只是由于签订并履行了合同,公司才为王国赚来了钱,否则是不可能的。如果不签订合同或价格不合理,商人们在交货时就会用其他货物代替他们应交的货物。当我们认真考虑这个问题时,我们会发现商人们的这种做法对大家都是有弊无利的。我将进一步说明这个问题。

东印度公司承担义务使运出国的货币与运进国的相等。

烟草、葡萄干、食油和葡萄酒都不缺,但是质量太差。

这里,我假设东印度公司每年大约需要运出国十万英镑,而用这么多现金发展起来的贸易肯定是不会减少王国的财富的,相反会大大增加王国的财富。为了证明这一点,我将简要地列举几种英国东印度贸易涉及的商品,每年在东印度购买和在英国出售这几种商品的数量及其在两地通常的价格。我先来列举一下几种商品在东印度的离岸价格。

在东印度

人们希望每年从东印度运回我国的部分产品。

胡椒 2,500,000 磅 每磅 2 便士	26,041 英镑 13 先令 4 便士
丁香 150,000 磅 每磅 9 便士	5,626 英镑
肉豆蔻干皮 150,000 磅 每磅 4 便士	2,500 英镑
肉豆蔻 50,000 磅 每磅 8 便士	1,666 英镑 13 先令 4 便士
靛蓝 200,000 磅 每磅 14 便士	11,666 英镑 13 先令 4 便士

中国生丝 107,140 磅
每磅 7 先令 } 37,499 英镑

各种白布 50,000 块
平均每块 7 先令 } 15,000 英镑

100,000 英镑

所有上述产品经常按照上面的价格或者接近上面的价格买卖。从我们方面来讲，我们希望除了在波斯进行生丝贸易外，每年能从印度进口上面的各类产品，数量价格不变（希望国王陛下能按照同荷兰人签订的协定条款保护和保障我们的利益，协定规定荷兰人不得违反协定妨碍或损害我们的利益）。这些产品在英国都能按（我认为）下述价格出售。

在英国

胡椒 2,500,000 磅
每磅 20 便士 } 208,333 英镑 6 先令 8 便士

丁香 150,000 磅
每磅 6 先令 } 45,000 英镑

肉豆蔻干皮 150,000 磅
每磅 2 先令 6 便士 } 18,750 英镑

肉豆蔻 50,000 磅
每磅 6 先令 } 15,000 英镑

靛蓝 200,000 磅
每磅 5 先令 } 50,000 英镑

中国生丝 107,140 磅
每磅 20 先令 } 107,140 英镑

各种白布 50,000 块
平均每块 20 先令 } 50,000 英镑

494,223 英镑 6 先令 8 便士

东印度贸易每年能

这样,这里的货币又是我们自己的了,此外,我国的货币总量还增加了三十九万四千二百二十三英镑六先令六便士。虽然东印度公司需将增加货币中的绝大部分以进口税的形式交纳给国王陛下和支付给代理商、公司工作人员和水手作为工资,还要支付航运期间用的干粮、燃料、弹药、保险等费用,但是除造船用的材料外,所有这些只是使王国的财富改变了形式而没有使之减少。

使王国货币增加的数量。

然而如果有人反驳说:“那些上面提到过、运送回英国的商品要么在国内消费了,要么被运往外国换成其他货物,但是我们不要别的,仍要我们的十万英镑现金。”

把上述所有货物从东印度运送回国只需两千五百船舶吨位。制造这些船只的材料大约价值一万五千英镑。

回答是:

1. 首先,在这样的争论中,上述商品必须被认为对王国毫无用处,而只是为了贸易本身的需要。

2. 其次,我们必须考虑到,虽然上述货物运到国外后换回的是外国的其他商品,但是,购买外国商品是要经过谈判的,而谈判的目的是增加并且也的确增加了上述货物的总数,另外还为王国的臣民提供了就业机会。

最后,如果要通过一项决议来停止这项贸易的话,谁会怀疑它的全部价值仍会以现金的形式很快回到我国来呢?因为在那些出售这些货物最能赚钱的地方,如意大利、土耳其等地,任何人在任何时候都可以把货币自由地运出去。

印度商品将会把现金带回我国。

这里假设,用于东印度贸易相当于十万英镑的现金(如上所述),是通过向外国出售我国商品换来的,这一点是确定无疑的,然而印度产品也能为王国获得现金。因为有商品便有货币,请大家都不要怀疑这一点。货币是商品的价格而购买商品是货币的正当

我们除了通过进行贸易和出售商品获得货币外别无他法。

法国人和威尼斯人每年将价值六十万英镑的现金运往土耳其。

贸易使一些没有多少其他方法生财的国家变得非常富裕。

用途，两者之间的关系是紧密和不可分割的。如果法国人和威尼斯人对此有任何怀疑，他们是不会如此心甘情愿地批准每年把价值六十万英镑的货币——按西班牙里亚尔和元计算还要更多，从他们的国家运到土耳其去。仅是购买波斯生丝就至少花掉了这笔钱的四分之三。他们很快在其他国家把波斯生丝卖掉，用赚来的钱再来进行这项贸易，从而大大增加他们的财富，并且也为这两个国家的人民提供了大量的就业机会。在结束这一问题的讨论时，我只想补充说，仅此东印度贸易一项为王国赚得的货币（尽管没有别人能像我在上面所做的那样对此进行充分的阐述）就超过了王国目前所有其他贸易赚得的货币之和。

如果王国每年的出口贸易总值大于进口，我们的货币就会增加。

所以，当我们出口商品的价值超过王国进口和消费所有外国产品的价值的时候，如果的确是这样的话，我们多运出去的那部分货物必然会为我们换回货币。我相信，通过不断实事求是的探讨，人们会发现我们所有其他贸易的总出超也不会大于东印度贸易这一项给我们带来的巨额出超。

东印度贸易等于每年出口四十八万英镑，进口十二万英镑，出超为三十六万英镑。

让我们把问题说得更清楚一些。如上所述，运出相当于十万英镑的货币可以使我们从东印度进口价值相当于五十万英镑的产品，但是我们必须知道，这些产品中确实可以称为进口产品的，即那些在我国消费掉的产品的部分，大约每年只相当于十二万英镑。剩下的三十八万英镑以我们的棉布、铅、锡或任何其他本地产品的形式出口到外国去，如果我们正确地理解了进行东印度贸易的具体方式，我们便知道，这样做大大增加了王国的物资和货币。

每个人的行动应当可以认为

人的所有行动都有其目标和目的。人们在东印度的尝试必然也是有目的的，而只有当王国获得好处，当我们把远渡重洋多运到外国去的产品换成货币,当这些货币应当可以自由带出国境而不受法律或禁令的限制,这时这种尝试才可以说是完成了。

是有其目的的。

正像很多人所知道的那样,货币是靠在土耳其、利戈内、热那亚、荷兰、马赛和其他地方出售印度产品获利而赚来的。然而,如果上述所有赚来的货币,或其中的一部分又要被从我国运出,用于新的贸易或事业,我们仍然应当说,购买印度货物的最终目的是赚取货币。我不想再进一步论证这个问题,因为我已经阐述得十分清楚了。我将结束对于第一种反对意见的讨论,并试图对第二种反对意见作出回答。

人们把东印度的产品运往海外出售,最终是为了获得货币。如果我们的其他各项贸易不用掉它的话,货币就以这样的方式运回我国。

第二种反对意见

为满足东印度贸易的需要,每年要造大批船只,浪费了很多船骨、船壳板和其他材料。结果这些材料的价格上涨了。而国家在需要的时候根本无法使用这些船只,因为它们或者是出海了,或者是即使远航归来也已破旧不堪无法使用了。

回　　答

东印度贸易似乎造成了浪费,它把所有东西都挥霍消耗掉而没有给任何人带来好处。

但是这种反对意见在一些方面是十分缺乏说服力的,而在另外一些方面则是错误的。

我先来谈谈这种反对意见的弱点。我要问,持这种反对意见述及这种反对意见的弱点。

的人是否想保留我们的森林和大树，使之仅供观赏？如果是这样，他们本还可以禁止人们经营羊毛业和把棉布运往国外，这两者都是王国赖以获得必需品的方法。这些人难道不知道树木是有生命要成长的，而当它们长大之后如果不对它们加以利用，它们迟早会死亡和腐朽？然而有什么能比用它们来制造大船进行贸易或战争更加崇高、更加有利呢？难道这些大船不是我们财富的仓库，不是保卫我们和平和幸福的壁垒吗？难道造船业每年没有为几千个穷人提供就业机会，没有大大增加我国非常需要的工匠的人数吗？

东印度公司获得船骨和船壳板的方法是经济的。

这些船只每年从爱尔兰运回大量木材和其他物资(节省很多钱)，难道不算带来好处吗？那么所谓船骨、船壳板的大量浪费和价格昂贵又何从谈起呢？我相信，东印度公司不是这样看的。东印度公司需要的各种材料都是从汉普郡、埃塞克斯、肯特和伯克郡这几个地方买来的。在所有这些地方，公司现在仍可按同过去十五年中一样甚至更低的价格购买同等质量的船骨、船壳板、覆材、木栓等材料。而且在整个这段时间里，公司的所有账簿都清楚地表明，这些材料的价格一直波动不大。如果在一年里价格上涨了一些，下一年它会按同样的幅度降下来。此外，我还要提请人们注意：除了东印度公司造的船只外，每天还有许多其他商人订购的高质量的船只在制造之中。(这在英国是前所未有的。)特别是国王陛下近年来也不断地造船，每年都为无敌的皇家海军添置大船，使皇家海军更加光荣和强大。由此我们可以看到，这种关于所谓浪费和匮乏的说法是不值得考虑的。

东印度贸易并没有使造船用的材料变得更加昂贵。

那好，但是他们又说，东印度贸易用的船只从来也不在国内并在王国需要的时候向她提供服务，或者，即使它们远航归来也已破旧不堪无法使用了。

为了运输货物进行贸易,我们的船只必须往返于我国和外国之间,而且制造这些船只的目的就不是让它们待在国内。但是尽管如此,东印度公司还是随时作好充分准备,为国王陛下和他的王国服务,向其提供可用于战争的物品。这些物品是东印度公司始终储备着为应急制造、修理船只或供船只出海用的东西,如船骨、船壳板、铁料、桅杆、船用索具、锚、木桶、大炮、火药、炮弹、包装了的食品、葡萄酒、苹果酒等等。人们可以在东印度公司的造船厂里,在迪普特福德,尤其是在布莱克沃尔的仓库里看到许多上述的物品。东印度公司的船厂和仓库已经世界闻名了。每天都有外国人、各国使节和其他一些人参观。当他们看到国王陛下的一个公司能在得到通知后立即派出一支威力强大的舰队时,都对王国的实力和昌盛赞叹不已。

第二部分说明这种反对意见的错误。

东印度公司储存的可用于战争的物品。

仅此东印度公司一家体现出来的国王陛下的实力。

除那些在航程中和停留在印度的船队外,东印度公司每年都要不断地制造和修理船只,并要为一些船只更换索具,装贮漫长的旅途上需要的一切物品包括干粮和饮水等。所有这些船加在一起大概有七八条,这些船一般在三月开往印度。在这之前,它们在泰晤士河上游抛锚停泊大约五六个月。而在这些船只刚刚离开英国海岸不久,我们其他的船只就该开始从印度返航了,回到国内时,也不是像某些人所说的那样破烂不堪。因为经验告诉我们,有不少船只去过印度二三次。它们回来后,驶进船坞,在不到两个月的时间里重新载满货物,像前一次那样再出海。这一切对于所有真想了解情况的人来说都只是常识。没有必要用更多的时间来驳斥第二种反对意见的谬误了。我打算接着讨论下面的问题。

从东印度返航回国的船只可以在很短的时间内再一次出航。

第三种反对意见

去东印度的航程使我们消耗了大量的粮食，并且使我们的很多水手丧生，留下许多无依无靠的寡妇和孩子。此外，虽然每年都有很多条船驶往东印度，但返回的甚少。再者，东印度贸易使得直布罗陀海峡的传统商业和航运业严重凋敝，而从事东印度贸易的冒险家发现这项贸易赢利不多。香料和靛蓝的价格如旧。国家也没有获得任何利益。

回　　答

为什么我们这里有如此之多的不幸呢？

1. 饥馑
2. 死亡
3. 破坏
4. 乞讨
5. 贫穷

如果这些灾难给人们带来不幸，那么是否早就应该努力寻求某种解救办法呢？的确，解救办法是很容易找到的，因为这些祸害从来就不是东印度贸易带来的(至少到现在为止还不是)。下面我将按次序对上述各项作出回答。先谈饥馑。每个王国、国家或共同体，不论其国际地位高低，经济境遇好坏，都自然要根据其资源的情况采取种种办法逐步解决人民的吃饭问题，以维持他们的生命和健康。人民不仅在国内时应该有吃的,而且当他们为了自己和国家的利益远航去其他国家时也应当有东西吃。

关于饥馑。

现在讨论为船只装贮干粮的问题(王国每年为去东印度的船只装贮一次干粮)。很多人都知道,去东印度的船只所装贮的粮食总可以食用大约十八个月,而全部航程一般需要三十个月的时间,不足的部分是用外国的粮食补充的。

东印度公司给其船只装贮干粮的情况。

同样从我们这里运出的面包和饼干不正是用专门从法国运来的小麦(价格较为昂贵)做成的吗?这样做的目的就是为了节省我们自己的粮食。最近一个时期,我们这里的农民开始大声抱怨,说小麦价格的下降,使他们无法偿付日益上涨的地租。因此,为了整个王国的利益,东印度公司采取各种方法调整了它的活动。

此外,还有船上的饮料,其中大部分是水,另外还有一些葡萄酒、苹果酒和一点点啤酒。水手们吃的肉是牛肉和猪肉,而且一星期只有三天有肉,其余的食物是鱼、一些黄油、奶酪、青豆、燕麦片和其他的东西,所有这些东西都严格定量向水手们供应。和一些人的错误看法不同,这里既不存在大吃大喝,也不存在任何其他会导致食品短缺或食品价格上涨的现象。相反,东印度贸易极大地增加了我们的财富。下面我来回答第二个问题:水手的死亡和大量减少。

人的生命是宝贵的,不应轻易地受到危害,然而,我们知道,我们的一生只不过是驶向死亡的航程,既不能停滞不前,也不能放慢速度,所有的人都以同样的方式和速度行进。寿命短的人并不比寿命长的人前进得更快,时间的流逝对于他们两个人来说都是一样的,只是前者没有后者路途那样遥远罢了。

第二部分关于死亡。

大自然和国家试图维持的正是有价值的人的生命，而那些为公共和个人利益努力工作的人的生命，是最有价值不过的了。

优秀的水手在一个国家里被看做是有价值的人。

因此，我们可以把好水手看做是对王国非常有用的人。但是如果他们由于缺少出海机会，放弃了他们习惯了的光荣工作，他们是会像我们所看到的那样，不顾一切铤而走险的，甚至和土耳其人，和异教徒勾结起来劫掠所有基督教国家。我们可以由此得出以下结论，我们不但要培养水手，而且还应努力通过进行贸易给他们提供生计。

然而持反对意见的人又说："当然这样做是正确的，但是东印度公司既不培养水手，也不给他们提供谋生之道，而只是使本来为数就不多的水手变得更少了。"

这又从何谈起呢？英国(除东印度船队外)的航运业从来没有像今天这样发达，这是确定无疑的。同时，也没有任何一条船由于缺少水手而待在家里，没有！在目前是没有的！除了土耳其人每天都在杀害或俘虏去我们大批最优秀的水手之外，还有成百上千名水手在皇家船队中服务。哪里来的短缺呢？如果说有短缺的话，只是那些对我们公司怀有偏见的人对于情况缺少真实的了解罢了！

每年培养四百名水手；此外，对于几个人死亡的担心不应否定或影响向王国提供的光荣服务。

去东印度的航程虽然较长，然而自然规律决定那些留在家里的人随着时间的流逝也同样会死去。难道这一点不是肯定的吗？为了使死者的空缺得到填补，东印度公司不是每年都极有远见地随船队派出至少四百名生手吗？这些人经过一次航行就变成了能为王国和共同体服务的优秀水手，而在此之前他们中的许多人曾是王国的负担。海上严格的纪律使这些人感到畏惧，他们往往改变了从前的生活方式，从而变得富裕起来。

事实上,这种航行也不是像一些报道所说的那样危险。我们有很多船在往返东印度的航程中损失的人还不到百分之五。另一些船在开始的时候不太顺利,由于不了解季节、地理和东印度传染病方面的情况。然而时间教会我们很多东西,既教我们如何保持健康,又教我们如何更快地完成航程。但是,我的论证方法要求我在讨论第三个关于破坏问题的时候再进一步对此作出评论。我必须把这部分分成两部分来谈。

我们的水手自己生活无规律是他们中间很多人死亡的原因。

在第一部分里,我将讨论所谓国内缺少各种船只的问题。有人说造成这个问题的原因是很多船都开到东印度去了并在那里闲置着。在第二部分里,我将回答所谓土耳其贸易和我们在那儿的航运业衰退的问题。

第三部分关于派到东印度去的船只的损耗问题。

先谈船只在印度损耗的问题。这是无法否认的事实,在过去三年里这个问题尤其严重。之所以造成这种损失不是由于海上航行的危险或敌人的强大,而是由于我们和邻国荷兰之间关系紧张和未曾预料到的争吵。荷兰人先后在好几个地方捕获和袭扰了我们的十二条船只,给我们带来了难以言状的损失和麻烦,我们很多最优秀的水手死在他们的屠刀下或监狱里,这也从另外一方面助长了有关水手死亡的谣传。我并不打算夸大事实,只是想给反对者以简要的回答。最近我国同荷兰之间的联合将为我们今后带来非常大的好处,从而抵消我们以前的损失。

我们同荷兰人之间的麻烦。

那些认为东印度贸易没有油水、赚不到钱的人是大错而特错了。因为目前使很多冒险家大失所望的并不是东印度贸易本身而是不幸的事故造成的损失。为了把这个问题论述得更清楚,我必须提及其他一些细节。我将试图十分简要地把英国人迄今为止在东印度进行的全部贸易的各种数字列举一下。

自从进行东印度贸易以来派往印度去的船只总数。

首先，我注意到，自从开始进行东印度贸易到去年(1620年)7月，派往东印度的各批船加起来共有七十九条。其中三十四条已安全地满载而归；四条由于长期在印度进行沿海贸易已经破旧不堪不能再用了；两条在印度装船时失去平衡沉没；六条在海上遇难；荷兰人劫持和袭击了我们十二条船，受袭击的船遭到严重损坏，修复之前不能再用了；二十一条完好无损的船仍在东印度。以上是我们船只的真实状况。

自从开始进行贸易以来运到东印度去的货币和商品的总数。

下面谈货物问题。上述船只离开王国时都带的是现金，如同世界上其他国家的船只一样。船上带的现金全都是外币，相当于五十四万八千零九十英镑，此外还有价值二十九万二千二百八十六英镑的很多英国和外国商品，共计八十四万零三百七十六英镑。以下是这些钱和货物的下落情况。

首先，沉入大海的六条船造成三万一千零七十九英镑的损失。三十四条安全返航的船只运回很多货物，价值三十五万六千二百八十八英镑，这些货物使英国产品的总价值增加了一百九十一万四千六百英镑。价值的增加不过是由于一种货物变成了另一种货物，这一点在前面已经论述过了。在印度还应有价值四十八万四千零八十八英镑的货物亟待运回。荷兰人给我们带来的麻烦和造成的损失最多也不会超过八万四千零八十八英镑，因此我相信在印度一共还剩下价值四十万英镑的货物。我们的船很快就能把这一大批价值极高的印度货物运回国(上帝保佑)。这个例子告诉我们应当如何估算东印度贸易。所以，虽然我们在探索航道方面花费很大，海上的风险使我们蒙受损失，而且同荷兰人的争吵给我们

从东印度运回三十五万六千二百八十八英镑，它为英国增加的收入达一百九十一万四千六百英镑。

在东印度还剩下价值大约四十万英镑等的货物待运回国内。

带来无穷的麻烦,但是我们的王国不仅能赚回本钱还能获得巨额利润,尽管我们的商人,由于两家合股经营带来了麻烦,获得的收益比以前少。

上文中你们所看到的,是我费了很大工夫从东印度公司堆积如山的账簿里搜集来的真实数据。

关于土耳其航运业和贸易衰退的问题。

现在谈所谓土耳其的传统贸易和航运业衰退的问题。有人说,东印度贸易影响我们向荷兰出售白布的生意。这种说法是十分荒谬的。我相信,时间也不会证明这种说法是正确的。然而,(上帝赞助)使我们感到宽慰的是,土耳其商人每天都在制造和投入使用大批高质量的船只,使其拥有船只的总数大大增加,他们购买英国布的数量也比进行东印度贸易之前多了至少三分之一。

但是他们又说:"我们失去了从阿勒颇进口香料和靛蓝的贸易。"

这是事实。然而王国找到了一条更加有利可图的路线,而且他们通过把同样的货物出口到意大利、土耳其和其他地方赢得了更多的生意,得到充分的补偿。同样,王国由于把从阿勒颇运回生丝改成从波斯湾直接运出来获得更多的利润,因为后者的费用比目前从土耳其运输低三分之一。此外,用这样的方式在土耳其出售英国布、锡和其他产品毫无疑问会赚到黄金。目前交易就是这样进行的。商人们从我国把大量香料和英国产品运到土耳其出售,在换得了足够的当地商品之后,再把从英国运去的商品中的超额部分换成大量黄金运回国内。

土耳其商人可以证明这一点。

因此,这种贸易领域的革命一直是对国家有利的,现在仍是如此。同样,东印度贸易不但没有损害反而有力地促进了王国其他的贸易和航运业；不但没有使我国的水手人数减少，反而使之大幅度增加，这一点是显而易见的。现在我们来看东印度贸易是如何为王国增添实力和荣誉的。

我不能举目前在印度或最近去那里的船只的数字为例，因为这些船都耽搁在那里了。在过去三年里，除了五条船外别的都没有返回。那些船留在东印度是为了反抗荷兰人的暴行。现在我们同荷兰人和好了，我们将每天都期待着（上帝赞助）大批的船只满载而归。

东印度公司船只的实力。

我想，今后东印度贸易将使航运能力保持在一万公吨，这包括在往返途中和停留在东印度的全部船只。这样规模的航运业至少需要雇佣两千五百名水手，在国内制造和修理这些船只需要五百名工人，包括木匠、捻缝工、雕工、装修工、铁匠和其他工人，此外还需要很多高级职员和大约一百二十名代理人驻在印度的几个地方。在讨论了这些重要问题后，我必须开始论述有关乞讨的问题。

第四部分关于寡妇的贫困的问题。

寡妇和丧父的孩子的贫困是个非常令人伤心的问题。他们一直从基督徒那里得到同情和施舍，从那些托上帝之福生活比较富裕的人们那里得到救济和帮助。怎样才能完全消除这种贫困呢？这似乎不仅是困难的，而且是根本不可能的。因为世界上总要发生可怕的事故，给人们带来苦难，此外，我们看到每天都有很多人（甚至是由于他们自己的过错和任性）铤而走险使自己陷于困境。有很多人根本无法养活自己的妻室儿女，其中一些人为了面子而孤注一掷，做出不理智的事情。另外一些较为安分守己的人想寻求职业，但很难找到或根本找不到。谁会要一个穷困潦倒、有妻室儿女之累而且可能是淫乱不堪的人呢？我们其他出海到外国经商

东印度贸易雇用了很多穷人，而且收容了很多其他贸易不要的人。

的商人不会要那些不习惯海上生活的新手。然而,当其他恩施之门关闭上了的时候,东印度公司的大门却向这些贫困交加的人大大地敞开着。东印度公司预支给这些人两个月的工资,使他们能够事先购买航途上需要的用品。如果当他们结束一年的工作时而不在国内,东印度公司还要另外把他们两个月的工资交给他们的妻子作为赡养费。如果有谁不幸在航途中死亡,死者的妻子将得到她丈夫应得的所有报酬(假如死者留下遗嘱没有要求将这笔钱另行处理的话)。这笔钱常常要比死者生前和他妻子在任何时候拥有的钱还要多。

经营其他贸易的商人不预支工资,而且付的工资也比东印度公司付的少。

同样,难道东印度公司没有给布莱克—沃尔(Blacke-wall)、莱姆—豪斯(Lime-house)、赖克利夫(Raicliffe)、沙德韦尔(Shad-well)和瓦平(Wapping)许多贫困的寡妇、妻子和孩子以大桶的优质牛肉、猪肉、饼干和大量现金作为接济吗?难道公司没有给很多孩子以凿剔麻絮或其他适合孩子年龄和能力的工作做吗?此外,东印度公司还干了很多事情,如:修葺教堂、为穷孩子开办学校、每年将大笔现金接济很多贫穷的牧师,并且还从事许多其他慈善事业。而且公司在目前财政甚为拮据的情况下仍然虔诚地做着这些事。这类活动还有很多,就不一一叙述了。我谨希望公司的这些活动将得到报偿。下面谈第三种反对意见的第五部分。

这些寡妇中有谁曾经去教堂乞讨过?而其他寡妇却经常要去那里乞讨。

东印度公司的慈善事业。

在这里,我必须明确地指出:有人认为香料和靛蓝目前在英国的售价并不比进行东印度贸易之前低,那是他们完全把情况弄错了。

第五部分的论点是:目前香料和靛蓝的价格

那时一磅胡椒的价格常常是六先令或者还要高,很少或从来不会低于三先令六便士。自从进行东印度贸易,从印度直接进口

比从前低。

胡椒以来，胡椒的价格下跌到每磅十六便士到两先令不等，这是一个毋庸置疑的事实。我将把进行东印度贸易之前从土耳其和里斯本进口胡椒和靛蓝时英国的消费量及最低价格，同现在从印度直接进口时的一般价格一并列举如下，以便使两者之间的差别更加显而易见。首先，从土耳其进口：

从前香料和靛蓝的价格。

胡椒 400,000 磅	每磅 3 先令 6 便士	共 70,000 英镑
丁香 40,000 磅	每磅 8 先令	共 16,000 英镑
肉豆蔻干皮 20,000 磅	每磅 9 先令	共 9,000 英镑
肉豆蔻 160,000 磅	每磅 4 先令 6 便士	共 36,000 英镑
靛蓝 150,000 磅	每磅 7 先令	共 52,500 英镑
		183,500 英镑

同样数量的同样货物现在的一般价格为：

最近香料和靛蓝的价格。

胡椒 400,000 磅	每磅 20 便士	共 33,333 英镑 6 先令 8 便士
丁香 40,000 磅	每磅 6 便士	共 12,000 英镑
肉豆蔻干皮 20,000 磅	每磅 6 先令	共 6,000 英镑
肉豆蔻 160,000 磅	每磅 2 先令 6 便士	共 20,000 英镑

靛蓝 150,000 磅 每磅 5 先令 } 共 37,000 英镑

合计 108,333 英镑 6 先令 8 便士

因此,值得注意的是,仅香料和靛蓝一项贸易每年就为王国节约了七万四千九百六十六英镑十三先令四便士,而且其中不到四分之一的部分就无疑可以在印度买到上面提及的全部货物,满足王国一年的需要。然而必须记住的是:关税、工资、航途中用的干粮、运费等所有费用加在一起(这些费用还没有加上)要高于用来购买印度货物的费用。但是正像我在前面指出的那样,这些费用尽管使商人的收益大为减少,但并不增加王国的开销。

在印度用不了一万八千英镑就能买到足够的香料和靛蓝,满足王国一年的需要,这笔钱还不到王国用来从国外购买葡萄干这一种货物或烟草所花的钱的一半。

最后,除了上面的论述外,我还想说明,我们现在仅用运到东印度和波斯去的货物,就能换回可以满足王国一年或更长时间需要的靛蓝、香料、药材和所有其他各种印度货物(这里没有包括波斯生丝)。这样,我们就可以用我们运去的货币购买更多的货物,进一步促进东印度和我国以及在此之后我国和其他国家之间的贸易,为我国臣民创造很多就业机会,为王国增加大量物资和货币。所有这些都值得很好研究。下面我便对第四种也是最后一种反对意见作出回答。

仅用从我国运到东印度去的货物就能为王国换回各种印度商品而且还绰绰有余(只有波斯生丝除外)。

第四种反对意见

人们普遍地注意到,自从进行东印度贸易以来,皇家造币厂一直开工不足。因此,显而易见的解决办法是取缔东印度贸易,即使这样做会带来很多不良后果。难道为了国家的利益还能找出其他

解决办法吗?

回　答

可以把第四种反对意见分成三个部分:

1. 指出了一项罪恶。
2. 提出一种解决办法。
3. 要求提出建议。

第一部分关于国王陛下的造币厂。

首先,关于所谓的罪恶或白银短缺的问题,我以为这是所有国家的一种通病,而在世界末日到来之前都不可能治愈。因为,无论是穷国还是富国都总是抱怨它们拥有的财富还不够。然而在我国,这种病似乎变成了一种致命的痼疾,急待治疗。但是,当我们发现自己的四肢俱存而且仍然强壮有力的时候,我希望使我们生病的只是我们自己的想象而不是由于别的原因。因为,我国几乎各阶层的人都比以往任何时代拥有更多的白银盘子。这是王国的一笔不可估量的财富,有谁不知道这个事实呢?

可靠的消息灵通人士称,除了原有的银盘式样翻新之外,每年至少有一万五千磅白银被熔铸盘子。

皇家造币厂在东印度公司建立后的连续五年里铸造了六千二百一十四磅重的金币和三十一万一千三百八十四磅重的银币,加在一起相当于一百二十一万三千八百五十英镑,这是众所周知的。那么东印度贸易是如何改变货币流量和造币厂的开工情况的呢?

自从进行东印度贸易以来,皇家造币厂铸造了大量金币和银币。

在了解到上述事实后,可能有人要说,我们必须看目前的情况(造币厂处于闲置状态)。

我的回答是:在东印度公司的出口额每年最多还没有超过一万五千或两万英镑时(1608 年和 1612 年尚未超过,这两年的出口

东印度公

额分别为 6,000 和 1,250 英镑),皇家造币厂就只铸造很少或根本不铸造任何银币。所以从两方面我们都可以看到,在开始进行东印度贸易的头五年中,造币厂的生意极为兴隆,而在东印度公司只往国外运出少量现金的那几年里,造币厂处于闲置状态。因此,除了白银外流这个原因之外,还必然有其他原因,例如:现在王国不再像以前那样大量进口白银了。这是由于在过去十四年中,我们不再像以前那样富裕,我们的邻国也不再像以前那样匮乏了。我们再也不能像从前那样派几百条船载着谷物出海换回白银。相反,近年来,令人极为担心的是,人们把大量的金钱运往东方国家和其他地方以换取谷物来满足我们的需要。时代是会改变的,我们的运气也会随之改变。我不打算为了进一步说明问题而一一列举那些现已废弃不用但曾为我们从各地甚至从法国赚回大量货币的方法。我也不想更多地评论造币厂的问题,现在我来谈谈一些人提出的解决办法,取缔东印度公司的问题。

只经司曾运往国外现出少量是金,就时在那段造期里,没币厂也多有铸造本少或根造没有铸货任何币。

从前曾经用来从国外带回白银的方法现在不用了。

我们感到宽慰的是,对东印度贸易持反对意见的人并不是我们的审判官。而审判官是以其智慧和正直为国王陛下的荣誉和王国的利益工作的,他们很快会认识到这种所谓的解决办法的危害。许多居心不良的人寻觅的所谓罪恶,实际上是一件其他国家通过政策和实力力图做到的大好事。在这方面,我们应该尤其注意荷兰人的勤奋精神和各种做法。如果我们以任何理由放弃现在在东印度贸易中拥有的份额的话,荷兰人将非常乐意取得它。只要荷兰人仍然从事东印度贸易,我们就不可能通过抑制我们的东印度贸易来减少白银的外流量,因为我们知道现存的机制是不会使我们的目的获得成功的。当荷兰人的船只从印度回来时,我们的白

第二部分关于取缔东印度贸易的提议。

其他基督教国家也非常想从事东印度贸易。

银不是会再一次外流，用来购买我们所有的必需品吗？而且货物价格还要高一倍，或者荷兰人高兴定多高的价我们就得付多高的价。

我们的毁灭会使荷兰人强大和富裕起来。

荷兰人的荣誉、财富和实力会不断增加，我们则会由于缺少贸易而变穷，我们的海上力量会衰退，难道这能叫做解决办法吗？不！相反，这只能被称为覆灭、破坏或任何其他东西。下面是结论也是最后一部分。

第三部分是持反对意见的人要求我提出的建议。

这里我必须承认遇到了难题，因为这个问题太奥妙，使我感到棘手。此外，在为东印度贸易恢复了名誉之后，我的这个托词就是合乎情理的了。尽管，由于我学识浅薄，写出的东西既没有文采也不雄辩，然而我完全是实事求是地讨论问题的每一个细节的。任何时候我都愿意为此提出证据。

虽然我还没有使所有的人完全满意，但是我想在结束本书之前，像以上那样对商品贸易的问题进行一番议论不会是不恰当的。前面我不过是按照一般做法力所能及地谈了一些看法，而商品贸易是我的职业。

首先，众所周知，一个王国、国家之所以成其为丰裕和富足，是由于它拥有文明生活需要的东西。

一个王国的财富可分为两种。

财富可分为两种：一种是天然的，国土本身的产物；另一种是人造的，靠人们的辛勤劳动创造。

幸运的是（托上帝之福），这两种财富英王国都有。英国的自然资源极为丰富，海里有鱼，陆地上的资源有羊毛、牲畜、谷物、铅、锡、铁和很多其他可用来做食品、衣裳和弹药的东西。从需要的角度严格来说，英国可以在没有任何国家帮助的情况下生存。

但是，如果要生活得好，要繁荣和富裕起来，我们必须想方设法地通过贸易来出售我们的多余产品,换回外国货币和我们需要的物品。这里,辛勤的劳动开始起作用,它不仅增加了海外贸易并支配其方向,而且还保持并提高了国内技艺。如果这两方面中任何一方面遭到失败,或者由于缺乏解决难题的办法,工作进行得不顺利,国家就会削弱和变穷。这种趋势的苗头不太容易发现,直到意外的事情发生后,我们努力去寻找其所以发生的真实原因。找出原因后,问题也就迎刃而解了。这正是我要继续论述的题目。

勤勉使得一些自然资源贫穷的国家靠其他资源丰富而不太勤勉的国家致富和强大起来。

以上,我完全是用消极和论证的方法捍卫东印度贸易并证明它对王国毫无害处。现在,我想改变一下方式,迅速地指出我们企图消除的那些罪恶的真实原因。

黄金和白银外流的四个主要原因。

我认为主要有以下四个原因:

1. 外国对贸易的破坏。

2. 英镑与外币兑换方面的投机。

3. 一些臣民的玩忽职守。

4. 我们在同外国人进行贸易来往过程中的损失。

我本可以就这几点进行长篇的叙述,但我的目的是按顺序尽量简明地解释各点的含义。

第一个原因是关于本位。

先来谈破坏贸易的问题。这里指的是,一些国家要么降低了它们金银货币的本位,要么把其货币的价格定得高于这些货币从前同英镑交换时的价值。它们允许本国和其他国家,尤其是对我国的货币,按照高于法定兑换率的价格兑换,从而使我国货币的外流量大于正常情况下的数额(这直接危害着贸易来往)。尽管那些把我国货币弄出国的人冒着很大的风险(这是违法行为),然而,邪恶行为本身就是贪婪,只要有利可图,他们完全可以置法律于度外。我发现,这种恶劣的做法是不容易纠正的。如果我国也降低硬币成色或提高其价格,一些人会因此变得贫困不堪,这种做法本身将最终成为无休止的恶性循环。不难想象,我们这样做了之后,其他国家会作出什么反应。在我们找到其他解决方法之前,上面提到过的罪恶将继续存在。

第二个原因是关于与外国进行货币兑换。

诚然,各国货币之间的兑换,如果是为了方便旅行者和商人的交易,使他们不用把硬币从一国运到另一国从而给公共和私人财产带来危险和损失,是一种很值得称赞和必要的做法。然而,货币投机却是极为有害的,尤其对我国是这样,尽管在一段时期内它给其他一些国家带来好处。这些国家获得好处的方法是:密切注视各种货币之间的兑换率,当这里的英镑价格(兑换价格)低于它们国内的价格时,它们就把我们的金币和银币运回它们国家去。因为兑换率是根据货币流通量的多少上升或下降的。这样,货币的买卖成了一些大财东专门从事的贸易,而没有理所当然地被用来促进和方便商人之间的真正贸易。

一些外国人在我国买卖货币,搞货币贸易。

在英国,外国人可以把钱倒手几次,赚得一笔可观的数目后再迅速运往国外赚取第二笔利润。然而,事情还没有到此结束。因为这意味着:挣到外汇的人必然是把他的商品运到他赚得外汇的地方卖掉了。这样,外国货的倾销带来了本国产品的滞销。虽然如此,这个祸害还是不难消除的。下面我谈第二个原因:玩忽职守。

第三个原因是关于玩忽职守。

我并不打算讨论各种工作责任,而只想谈谈在一种行业里,某些人是如何玩忽职守的。在工人为陛下铸造金币或银币时,有时可能会出现这样的情况:如果在铸每一块硬币时不小心谨慎地拿准分量,那么,尽管把许多硬币放在一起称,重量仍会与合同要求相符,误差也不会超过规定,其中有的硬币还是可能过轻,另外一些则过重。这就使一些人占了便宜,他们把超重的硬币带走而把分量过轻的留给我们,假如还给我们留下任何东西的话。

我们的超重的硬币被带到海外,或在国内被熔铸成盘子。

恶作剧哪能只此一出!一些视利润比职守更重要的金匠往往把超重的金银币熔铸成盘子和其他装饰品。

然而,那些在官府里为陛下效劳的人,如果不认真执行法令——有一条很好的法令规定:外国人须用出售货物得到的全部现金购买英国商品——,那么我们又如何作想呢?这条法令一旦得到执行,不仅能避免大量黄金和白银外流,而且还能大大促进我国商品的销售,这一点我打算在下面关于我国同外国的商业来往一节中再多说几句。

爱德华四世十七年

现在我来谈我国货币短缺的最后一个原因,虽然不是最不重要的原因(假使有最不重要的原因的话)。贸易能给一个国家带来损害并使之贫困。请大家不要由于贸易被公认为是帮助一个国家繁荣的好办法而对此论点感到奇怪。任何有理智的人是无法否认这个事实的。缺乏从事贸易的经验,胡乱搞经营,会使那些已经陷入此类错误泥淖之中的国家迅速地衰亡,这一点同样是确定无疑的。我们自己的不少商人就为此提供了很多例子。他们不仅由于在海上遇到危险或其他类似的不幸损失了货物,而且有的还因为缺乏从事贸易的经验赔掉了全部财产。实际上,这不仅给他们个人也给王国造成了损失。所以人们希望,性质复杂的贸易工作应由受过专门教育的人来做,而不应交给那些滥竽充数的外行人,后者不仅毁了他们自己,还使那些经验较为丰富的人一起遭殃。

第四个原因是我国同外国人的商业来往。

缺乏经验的商人把贸易搞得一团糟。

受过专门教育的商人才适合去外国贸易。

然而，在同外国进行的贸易中，最大的问题莫过于进口大于出口，而在经过很大努力后仍不能扭转这种局面。这种局面的出现必然导致国家日趋明显的贫困。正像出超肯定能使我们致富，使我们的货物和金钱增加一样，入超必然造成相反的后果。

不论多富的国家都会变穷。

进口货物指的是在我国消费掉的货物。那些经我国转运到外国去的货物非但不损害，反而通过增加陛下的关税收入、贸易和臣民的就业机会对我国大有裨益。这类贸易中之佼佼者还属东印度贸易。在十五个月里，它为王国购进的香料除充分满足王国这段时间的需要之外，还将多余的部分出口到其他国家，价值大约二十一万五千英镑。除了香料，我们还可以（上帝保佑）加上价值很高的生丝、靛蓝、白布和其他产品以及所有我国出口的棉布、铅、锡和其他商品，这样，今后我们每年可以指望出口相当多的商品，其巨大价值不可限量。王国也会由于总财富的增加而富裕起来。大家可以对此作出自己的判断。在结束讨论这个问题时，我想说：我们不应当停止进口外国产品，而应自觉地适当减少外国货物的消费。否则，虽然东印度贸易——从东印度运回货物的价值是我们运去的五倍，像本书第19页中已经明确叙述过的那样（在短期内），再把它换成货币——是使我国货币数量大幅度增加的有效途径。但是，如果从其他国家进口的东西太多，运回来的印度商品不得不和我国产品一道用来补偿这项进口，而不能用来换取货币，或者这些商品仅仅能满足国内对于外国产品的大量需要，那么，确定无疑的是，王国的贸易还是会从总体上影响并阻碍货币的流入。这是由于外国商品进口大于我国产品出口和外国商品消费过多的缘故。

外国的过境货物不会损害我国，相反，它对我国很有好处。

希望通过将印度商品输往外国以增加贸易。

东印度贸易将为我国带来大量货币，如果王国的其他贸易不阻碍货币的流入或将其用掉的话。

据信,最近一个时期我国人口大大地增加了(本国人和外国人),对本国和外国商品的消费和浪费也增加了,这是必然的。这使我国受到双重的削弱。我们看到,每天都有外国商品运进我国,使外国人大获其利,我们自己深受其害,而且我国并不缺乏生产这些外国货的原料,因此我们大家都应该想尽一切办法,努力用辛勤的劳动来促进我国商品的生产和技艺的发展。有些国家通过劳动从海洋里获得了大量财富,我们也不应当忽视海洋所能赐予我们的东西。只要我们勤奋地做好这些事,穷人的生活就能得到很好的保障,王国的总财富也会大幅度增加。然而为了使王国能够进一步强盛起来,我们应当厉行节约,避免吃穿方面普遍的浪费,目前这两方面的浪费在社会所有阶层中都已发展到了空前严重的地步。浪费的具体表现形式也已众所周知,我无须一一列举。为了上帝的荣誉、国王的威望和国家的幸福,我相信,我们英明的政府将会努力使之得到纠正。

据称,尤其是荷兰人,从捕鱼业中每年都能获得大笔财富。由于没有更准确的资料,我不敢列举那个大得令人难以置信的数字。

阿门!

贸 易 论

〔英〕尼古拉斯·巴尔本 著
刘漠云 陈国雄 译

目　录

引　　言

斯蒂芬·鲍威尔教授的周密研究十分有利于我们了解尼古拉斯·巴尔本的生平和他在经济思想史上的恰当地位①。巴尔本大约在1640年出生于伦敦。他的父亲普莱西哥德·巴尔本是"再洗礼基督教徒、皮革商人和政治家"②。尼古拉斯·巴尔本在莱顿学医，1661年在乌得勒支获得医学博士学位，1664年被接收为医师公会名誉会员。1666年大火以后，他在伦敦建立了第一家火灾保险公司，并积极地参加了伦敦城的修复工作。1690年他当选为国会议员，1695年再次当选为国会议员。1695—1696年他建立并经营土地银行，于1698年逝世。他指定约翰·阿斯吉尔为他的遗嘱执行人，并且指示说，他所欠之债款概不偿还。

巴尔本著作的绝大部分都与他生活的那个时代的经济事件有直接关系。他坚持自己的火险方案，主张扩大伦敦的建设，详细论述了土地银行的可能性，并写了一本值得注意的小册子③参加1696年的通货争论。

---

① 《国民经济与统计年鉴》(耶那版)，第21卷(1890年)，新编本，第561—590页；以及《巴尔本》，载于《政治经济学词典》(帕尔格拉夫编)，第1卷，第119—121页。

② 《普莱西哥德·巴尔本》，载于《国民传记词典》(斯蒂芬编)，第3卷，第151页。

③ 《新币轻铸论。答洛克先生关于提高货币价值的意见》(1696年，伦敦版)。

重印的这本书比那些半争论性的小册子涉及的范围更广泛。至于写作本书时的情况,以及本书似乎很快便湮没无闻,这一切人们一无所知。不大热心的评论家不同意鲍威尔教授的下述见解,即本书的某些部分使作为经济学家的巴尔本超过了配第和洛克,以及本书包含着在休谟和亚当·斯密之前对贸易平衡理论最有力的反驳。但是,没有人会否认本书确实有权以通俗的形式再版,而且巴尔本也许可以——在比迄今为止给予他的地位更高的地位上——受到研究从霍布斯到休谟的经济思想发展的学生们的关注。

本版是巴尔本著作1690年[①]版本的再版,本书书名页照旧,原有页码仍保留,并增加了少量注释。

巴尔的摩,1905年2月

① 本书形式说明如下:书名页,封里空白;序言,9页,无页码数;目录,1页;正文,92页,尺寸,小16开。

序　言

荷兰联邦与威尼斯各邦，虽然领土狭小，却强大而富足，充分显示出贸易给国家带来的巨大好处和利益。

自从希腊人和罗马人的老式武器弹药（如石、弓、箭、攻城槌以及其他木制兵器之类，全是到处都容易取得或容易制造的）变得无用以来，黑色火药的发明带来了另一类武器弹药（其原料如铁、黄铜、铅、硝石和硫磺等矿物并非比比皆是，因此，在缺少它们的地方，必须靠贸易获得）以来，贸易既为维持政府所必需，又能帮助政府富裕。

虽然贸易现在对各邦和各王国的维持和福利具有很大的影响，但是人们关于引起和促进贸易的真正原因还是最无知的，人们对此的意见也最为分歧。

李维以及那些具有卓越天才而潜心探究政府兴衰原因的古代著作家，曾经非常准确地描述过各种战术形式，却把贸易置之度外。而马基雅弗利这位现代著作家，并且是很好的著作家，虽然是在美第奇家族靠自己经商得来的财富而掌权的那个政府中供职，但他没有说过贸易同国家事务有什么关系。因为直到必须靠贸易来提供战争的武器之前，人们总认为贸易有损于帝国的发展，认为贸易带来安逸和奢侈，使人民变得极其孱弱，使他们的身体不能承担战争时候的劳动和困难。因此,以战争为事的罗马人(这是建立和扩大他们版图的唯一方法),几乎在他们建国初期,就能征服那座富庶的商业城市迦太基,虽然防守该城的是迦太基将军、世界最伟大的将领之一汉尼巴。因为贸易在那个时候不能为战争提供武器弹药,所以不可能指望那些著作家对贸易有所描述。商人以及应该懂得贸易真正利益的其他贸易者,或者不懂贸易的真正利益,或者不想揭示贸易的真正利益,以免妨碍他们的私人利益。孟先生是一位商人,他在贸易论著[①]中,与其说探讨了贸易怎样对国家最有利,不如说是阐述了造就一个全才的商人的规范。常常听见商人提出的那些论据,都带有私人利益的偏见,并且互相矛盾,因为他们的利益是对立的。

土耳其商人反对东印度公司,毛织品商反对丝绸商,室内装饰商反对藤椅制造商。有人认为贸易者太多,有人抱怨营造业者太多,还有人抱怨酒店太多。一些人赞成独家生产某些商品,另一些人为独家经营对某些国家的贸易进行辩护。所以,如果这些论者的主张占上风,他们迫切要求的那些法律(他们大家都认为,这些法律有利于贸易的发展和全国的公益)终于通过,那么,留给下一代人去从事的行业就很少了,留给下一代人去生产的货物种类也大为减少,下一代人除非从他们那里购买特许证,否则世界上将没有任何地方可以进行贸易。

因此,无论他们关于扩大和发展贸易的议论是多么公正和具

① 《英国得自对外贸易的财富》(伦敦,1664年),参见第一章“一个全才的对外贸易商人所必需的各种品质”。

有说服力,他们意见的结论是要限制贸易的数量、人数和地点,与贸易的扩大是正相反的。

很多人之所以没有关于贸易的真正概念,原因在于他们的全部心思都放在他们主要利益所在的那些特定贸易部分上。他们发现了构成那一特定部分的最好的标准和规律,而在构成巨大的贸易整体时,也以同样的概念支配自己的思想,他们不考虑整体与部分之间的各种比例标准,而有一种非常混乱的概念。这就像那些学会了善于画出眼睛、耳朵、手和身体其他部分的人(不大懂得匀称的规律),在把这一切结合在一起的时候,他们画出来的就是一个非常畸形的身体。

因此,任何想真实描述贸易的人,必须画出关于整体和部分的草图,这种草图虽然不能像一幅已经完成的图画那样悦目,但是各个部分的协调一致是可以看出来的,从而可以计量出最适合身体形状的尺寸。

论贸易和贸易的财货或商品

贸易是为他人制造和出售一种货物。制造叫做手工艺行业，制造者就是工匠，出售叫做经商，出售者就是商人。工匠按他制造的物品的种类而有各种不同的名称。如裁缝、织工、鞋匠、帽工等是由于做衣、织布、做鞋、做帽而得名。商人以他经商的国家的名字命名，因此叫做荷兰商人、法国商人、西班牙商人或土耳其商人。

贸易的主要目标或任务是进行能赢利的交易。在进行交易时要考虑这样一些事情：待出售的商品、这些商品的量和质、它们的价值或价格、购买商品的货币或信用、交易期间的利息。

一切贸易的财货和商品是整个世界的动物、植物和矿物，是陆地或海洋生产的一切。这些商品可以分为自然商品和人工商品两类。自然商品是那些作为自然产品出售的商品，如肉、鱼和水果等等。人工商品是那些由于人工而变成了不同于自然给予它们的形式的商品，如呢绒、白布和丝绸等，它们是由羊毛、亚麻、棉花和生丝制成的。

这两种商品叫做那些主要盛产或制造这些商品的国家的主要商品。世界上气候不同，有些地方很热，有些地方很冷，有些地方温和。这些不同的气候产生不同的动物、植物和矿物。热带国家的主要商品是香料，寒带国家的主要商品是皮毛，而气候比较温和的地方则生产出种类相近的商品。但是,由于这些商品质量不同和盛产它们的地方交通便利,它们都成为每一个最善于或较容易获得或换得它们的国家的主要商品:荷兰人靠水吃水,非常自然地爱捕鱼,于是鲱鱼和其他鱼类就是荷兰的主要商品;英国的羊毛是世界上最好的羊毛,因此,羊毛是英国的主要商品。意大利的橄榄、西班牙的水果、法国的葡萄酒,以及其他几种商品是这些国家的主要商品。

主要商品可以分为本国的主要商品和外国的主要商品:本国的主要商品是任何一个国家自然地最善于生产的商品,外国的主要商品是指一个国家通过它对国外某个地方所进行的独家贸易,或者通过单独具有一种特殊技艺而获得的外国商品。例如,香料是荷兰的主要商品,而制造玻璃和纸张则是威尼斯的主要商品。

从贸易的财货和商品来看,可以看到以下三件事情:

1. 任何一个国家本国的主要商品是该国的财富,是源源不断的,并且也是永不枯竭的。地上的野兽、空中的飞禽、海里的鱼类都在自然地繁殖增长。每年都有一个新的春天和秋天,它们带来大量新的植物和水果。地球上的矿物是取之不尽、用之不竭的。既然自然财货是无穷无尽的,那么,用自然财货制造的人工财货也应当是无穷无尽的。如用亚麻、羊毛、棉花和生丝制成的毛织品、亚麻布、呢绒、白布和丝绸。

这揭示了孟先生的贸易论中的一个错误。他称赞异常节俭、节约和节约法令是使国家富强起来的办法。并且用比喻来说明他的论点:设想一个人每年有一千镑,柜子里有两千镑,每年花费一千五百镑,他在四年的时间里就会花掉他的两千镑[①],这种情况对一个人来说确实如此。但对一个国家来说就不是这样,因为他的财产是有限的,而国家的财产是无限的,是永不枯竭的。对于无限的东西来说,既不会由于异常节俭而增多,也不会由于浪费挥霍而减少。

2. 每个国家本国的主要商品是该国对外贸易的基础:任何国家最初只有用本国商品交换来的一点外国商品。因为在对外贸易初期,一个国家拿不出什么东西去交换。西班牙的金银、土耳其的丝、意大利的橄榄、法国的葡萄酒以及所有其他外国货物都是用英国的呢绒和英国其他某种主要商品去交换而运到英国来的。

3. 外国的主要商品是不稳定的财富。某些国家同其他国家进行独家贸易,或者独家占有某些技艺,就能赢得外国的主要商品。只要这些国家独家占有那种贸易和技艺,这些外国商品就能同本国商品一样赢利。但这并不稳定,因为其他国家可能找到与同一地方进行贸易的渠道,而技师为了谋利可能到其他国家旅居,向他人传授技艺。例如葡萄牙同印度发生了独家贸易,后来威尼斯人占去了那种贸易的很大一部分,现在荷兰人和英国人比葡萄牙和威尼斯占有更大的部分。生产几种丝绸的技艺主要限于热那亚和那不勒斯,以后传到法国,又传到英国和荷兰,现在那些地方的技艺像在意大利一样完美,因此,其他的技艺就外流,如制造镜子的技艺从威尼斯传到英国,造纸的技艺从威尼斯传到法国和荷兰。

① 《英国得自对外贸易的财富》,第二章"使王国致富和增加我们财富的手段"。

论商品的量和质

一切商品的量都是通过度量衡得知。我们不了解产生重量的原因，重量对这个目的来说并不重要，不管它是来自空气的弹性还是最大天体的重量，或是其他原因。称物体重量的方法由天平完美地显示出来，这就足够了。现在公用的是两种衡量制，即金衡和常衡。

第一种衡量制即金衡是用来称最有价值的东西，如金、银和丝绸等。后一种衡量制是用来称比较粗糙和体积较大的东西，如铅、铁等。

有两种度量，一种是用来量流体的，如蒲式耳、加仑和夸脱，量谷物、酒和油；另一种是用来量固体的长度的，如码、埃尔等，量布、丝绸。

一切国家的度量衡都是不同的，但这并不妨碍贸易。当地的海关和法律使度量衡准确无误，而且进行贸易的人了解在他做买卖的地方所使用的度量衡。政府注意防止和打击在度量衡上弄虚作假的欺骗行为。大多数商业城市有公共计量所和量具。天平两端长度不同造成的欺骗很难察觉，因此，贵重物品通常是要分别放在天平的两个盘子里来称的。

可以通过商品的颜色、声音、气味、味道、构造或外形来了解商品的质量。

商品质量的差别很难区分,那些能适当地判断这些差别的器官是极不一致的。有些人眼光比较锐利,有些人听觉比较灵敏,另一些人则嗅觉和味觉比较灵敏。同时,每个人对自己的官能评价都很高,要找出一个裁判员来决定哪一种官能最好是很难的。其次,那些属于人工商品的质量,比如依靠人工商品的混合、构造或样式的质量是很难看出来的。有些商品的质量由不同物体适当混合而成,如小刀和剃刀,它们刀刃锋利是由于钢和铁很好地糅合和混合,是看不出来的,只有在使用时才能显示出来。帽子、衣服和其他许多东西也是很好地混合而成的。

由于很难看出商品质量的差别,所以,做生意的人就要当学徒去学习。这方面的知识叫做生意经。从一般买卖的情况说来,买方被迫依靠卖方的技能和诚实,由卖方提供他所说的那种质量的商品。由于希望进一步做生意,不进行欺骗是符合卖方利益的,因为他的商店,即做买卖的地方是众所周知的。因此,向那些走街串巷叫卖的商贩购买东西的人就要冒很大的被欺骗的危险。

主要质量在于样式的那些商品,如一切供穿戴的衣帽,则不那么依靠卖方的诚实。因为虽然商人或制造者是这种样式的发明人,然而,是买方的爱好和欢迎使这种样式得到使用并成为流行的式样。

论商品的价值与价格

一切商品的价值来自商品的用途,没有用的东西是没有价值的,正如一句英文成语所说,它们一文不值。

商品的用途在于满足人们的需要。人生来就有两种总的需要,即身体的需要和精神的需要。世界上满足这两种需要的一切东西都是有用的,因此都有价值。

对满足身体需要有用的商品,是维持生活所必需的一切东西,这是共同的看法。一切商品都是用来满足人的三个一般的需要即衣、食、住的。但是如果严格加以考察,除了食物,没有任何东西是维持生活所绝对必需的,因为相当大的一部分人赤身裸体,穴居野处,因此,只有少数东西是满足身体需要所绝对必需的。

那些由于满足精神上的需要才有价值的商品是能满足心愿的一切东西,心愿的意思就是需要,即心灵上的欲望,这种欲望之于心灵正如饥饿之于身体一样自然。

精神上的需要是无限的,人生来就在渴望,当他精神振奋的时候,他的官能就变得更精致,更有能力欢乐。他的心愿增大了,他的需要就随着他的愿望一起增加,这些愿望是对任何珍贵的东西的愿望,它们可以满足他的官能,装饰他的身体,促进生活的舒适、欢乐和豪华。

在满足精神需要的各种各样的物品中,那些装饰人的身体、促进生活的豪华的物品有着更广泛的用途,对于一切时代,不同种类的人都是有价值的。

知识之树的果实对人类祖先的影响的最初效果是使他们以衣蔽体,这造成人类同其余创造物的最明显的区别。由于这一点,他们的后代才能称他们为人,因为除了人以外没有别的生物装饰自己的身体。此外,以衣蔽体不仅使人区别于野兽,而且也是人和人之间高低贵贱的标志。

从来没有任何一部分人是这样野蛮,但是,在他们之中又有人的差别和等级,并且发明了一些能表示这种差别的东西。

那些穿兽皮的人穿着最难捕得的野兽的毛皮,因此,海格立斯穿着狮子的毛皮。貂皮和黑貂皮仍然是荣誉的标志。地位的高低在非洲人当中可以从废弃的服装上看出来,在赤身裸体的人当中可以从他们以最珍贵的颜色来修饰自己的身体看出来,这同红色是古代不列颠人最珍贵的颜色一样。

最古老和最优秀的史书即《圣经》表明,在世界文明人中间,当时已经穿戴耳环、手镯、头巾和面纱以及变化多端的成套服饰。身上的这些装饰品是一直穿戴的,只不过根据国家的习俗而有形式和式样的不同。

服装的式样常常用来表示一些人的地位。稀少的、难以得到的物品始终是光荣标志。由于这种用途,珍珠、钻石和宝石都是有价值的。珍奇的东西成了适当的光荣标志,因为得到难以得到的东西是光荣的。

商品的价格是现在的价值,是通过计算商品的需求或用途以及符合那种需求的数量得出来的。由于商品的价值取决于它们的用途,商品中多余的那一部分变得毫无价值;在考虑到需要的情况下,丰富使商品便宜,稀少则使商品昂贵。

贸易商品中的每一件商品都没有固定的价格或价值。地球上的动物和植物受天的影响,天有时引起兽瘟、农作物的病害、匮乏和饥荒,有时引起长年的大丰收,因此,商品的价值不得不相应地变动。除此以外,大多数物品的用途是满足精神的需要,而不是满足身体的需要。而且这些需要的绝大部分是由于想象而产生的,精神发生变化,物品变得没有用了,也就失去了它们的价值。

现有两种可以约略估计出物品价值的方法,即商人的价格和工匠的价格。商人为他的商品规定的价格是通过计算最初的成本、费用和利息得出的。

工匠的价格是通过计算材料的成本以及加工所用的时间得出的。时间的价值根据工艺的价值和工匠的技能而定。有些工匠一周的工资是十二先令,另一些是十五先令,还有一些是二十先令以及三十先令等。

利息是商人经商的尺度。而工匠利用时间来计算利润和亏损。因为如果他们的商品的价格由于商品的数量多或用途改变而改变,他们就不付给商人利息,同时,商人也不因工匠花费时间而对他进行支付。他们双方都认为他们的买卖亏损了。

但是,市场是价值最好的裁判,因为从买方和卖方的汇集能够最清楚地知道商品的数量和它们出售的机会。物品能卖多少钱,它就正好值那么多钱。根据老的准则,Valet Quantum Vendi Potest(售价即所值)。

论货币、信用和利息

货币是法律规定的价值，由货币的标记和大小可以知道货币价值的不同。

货币的用途之一在于，它是价值的尺度。通过货币来计算一切其他物品的价值。当表现任何一种物品的价值时，就说它值若干先令，或值若干英镑。货币的另一种用途在于，它是一切其他物品的价值的替换物或抵押品。因此，货币的价值必须由法律明确规定，否则它既不能成为可靠的尺度，也不能成为一切物品的价值的替换物。

货币并不是绝对需要由金银制造，因为它唯一的价值是来自法律，因此，标记打在什么金属上并不重要。如果货币是由黄铜、铜和锡或任何别的东西制造，它具有同样的价值，起着同样的作用。西班牙的黄铜币、瑞典的铜币、英国的锡法寻按照它们的兑换率在兑换中具有与金币和银币相等的价值，并且像金币和银币一样起着计算物品价值的作用。六个法寻便士同六个银便士可以购买同样多的物品，说这值八个法寻，正如说那值两个便士一样，使人可以清楚地知道一件物品的价值。金币和银币以及黄铜币、铜币、锡币在法律无效的国家中会改变自己的价值，并且不产生比打上印记的金属的价格更多的价值。因此，一切外国的硬币都按重量计算，它的价值也不确定，随着金属的价格上升和下降。西班牙古银币的价值随着银的价值上升或下降，有时相当于四先令六便士、四先令七便士、四先令八便士。元和一切外国硬币也改变着它们的价值。如果不是因为有确定价值的法律，一个英国五先令硬币会等于五先令二便士，因为如果它被熔化或运往外国，它的价值就会是那么多。制造银币和金币的主要优点在于防止伪造，因为金银都是具有很高价值的金属，那些打算通过伪造硬币取得利润的人必定要伪造金属和印记，而伪造金属要比伪造印记困难得多。用这种货币对于商人来说还有其他的优点，因为金银除了用来制造货币以外，还是具有其他用途的商品，如做盘子、金银花边、金银丝等。硬币同它们的价值相较体积小，商人们在金银条块上涨时发现有机可乘，因而把金银币运往各地，虽然这对商人来说可能是一种便利，但是却使货币短缺而常常损害国家。因此，大多数国家制定法律，禁止运输货币，但禁止不住。拿西班牙来说，虽然运输货币要判处死刑，但是在大帆船回国两个月以后，在这个国家仍然很少看到货币。

有人非常尊重金银，因此认为金银本身具有一种内在价值，并用金银来计算任何物品的价值。这个错误产生的原因，是因为货币由金银铸造，以致他们未能辨别货币与金银。货币有确定的价值，因为它是法定的，而金银的价值则是不确定的，而且它们和铜、铅以及其他金属一样，会改变自己的价格。在开采金银的地方，就它们的矿脉纤细以及为得到它们所花的费用而论，它们既不能比其他矿物产生更多的利润，也不能为了开采它们而付给矿工更多的工资。

除非为了挥霍而用金银制作盘子、花边、丝带,东方君主们的习惯是把金银储存起来,或把它们埋在地下。金银在西方被挖掘出来,在东方则被埋藏起来。从地下挖掘出来的大量金银物品,自从发现西印度以来,价值大为减少,在这段时间里,它们的价值不能大大超过锡或铜的价值。因此,那些寻求点金石的先生们如果最终偶然发现了它,他们该是多么失望?因为,如果他们能制造出大量金银,像他们及其前人为寻找点金石而花费的一样多,那就会大大改变即降低那些金属的价格,以致产生这样一个问题,即他们由此得到的盈余是否会同他们为了把金属变成金银所支付的一样多。只有稀少性才能保持价值,而不是金属中任何内在的长处或质量保持价值。因为如果考虑到长处,那么,那些用金子换刀或铁器的非洲人在交换中是吃亏的,铁是比金银都有用得多的金属。我们对这一不同意见的论断是:没有任何东西本身具有确定的价值。一物同另一物的所值相同,时间和地点使得一切物品的价值产生差别。

信用是评价导致的价值,它像货币一样购买货物,而且在一切商业城市中很多商品是以信用出售的,以后再收现款。

有两种信用,一种以买者的能力为基础,另一种以诚实为基础,前一种人叫做好人,意指他是能干的人,他买东西通常用的时间很短,在一个月内付款,所付款项算作现金,价格由以制定。另一种是指诚实的人,他可能是穷困的,他通常可能要用三个月、六个月或更长的时间以他自己的货物出售后的收入向商人偿付,因此,卖者对买者的诚实的依靠超过对他的能力的依靠。大多数零售商贩是依靠这种信用来购买的,并且通常赊售给他们的东西比他们拥有的财产多一倍以上。

大商业城市如阿姆斯特丹和威尼斯有公办的信用银行。它们对贸易有很大好处,因为,它们避免了不断数钱的麻烦,使支付更加容易,引起了商业的巨大活跃。公办银行非常关心商业,伦敦的商人因为缺少这样的银行曾被迫把他们的现金交给金匠,从金匠的票据得到这样的信用,因此,这些票据在支付中从一个人手里转入另一个人手里,就像银行的票据一样流通。尽管这种方式的信用减少了巨额货币,二十五年内不少于两百万,然而这些票据却使商业活动非常迅速和方便,所以信用始终保持在某种范围内。

因此,非常值得惊异的是:因为伦敦是世界上最大的、最富的和最主要的商业城市,因为公办银行中存在着这么多的便利、迅速和安全,并且由于缺少这样的银行而产生了巨大的损失,所以伦敦商人和贸易家在此以前不久曾向政府谈到建立公办银行。

一般的不同意见认为,一个公办银行在君主政体中不可能是安全的。这不值一驳;按照这种意见,似乎君主不是受支配国家的同一政策准则所支配,即千方百计为臣民谋福利,在臣民的福利中也涉及君主自身的利益。

确实,在一个完全依靠军事力量的完全专制的政府中,商业同国家事务没有关系,并不带来收入。可能存在一种猜忌心理,即这样一个银行可能诱惑一个君主去占有它;他这样做无损于他的政府的事务。但是,在英国,政府不是专制政府,人民是自由的,并且享有任何国家的公民所享有或曾经享有的最高立法权,在那里,关税给国王的金库带来大量收入,在那里,船只是国王的支柱。商业的繁荣对国王有多少利益,对人民就有多少利益。所以,没有理由担心,因为,谁会持这样的异议,说他存入银行的货币不会像他的财产那样受到法律的保护呢?或者,同他的土地和财产相比,为什么他更害怕失去他的货币呢?

利息是财货的租金,正像它是土地的租金一样,前者是加工过的,或人工的财货的租金,后者是未加工的,或自然财货的租金。

利息通常被看成是货币,因为付利息借来的货币是用货币归还的。但这是一个错误,因为利息是为财货支付的;因为借来的货币是花费在购买货物上,或者在它们被买来以前为它们付出的。没有人把付出利息得到的货币放在身边而失去这笔款项的利息。

利息的一个用途在于,它是商人据以结算盈亏账目的标准。商人期望在买卖中以自己的货物得到更多的利息。因为他遇到坏账和其他危险,所以,他认为所得比利息多就是盈利,比利息少则是亏损。如果不比利息多,那便是既无盈利也无亏损。

利息的另一用途在于,它是土地租金的价值尺度。它规定土地买卖的价格,因为用在通常情况下加上三年利息的办法就能得出国家土地通常的价值。三年的差额是允许的,因为土地比货币和财货更为可靠。在荷兰,货币的利息是百分之三,计算一下什么数乘三是一百镑,是三十三,再加三年,就构成三十六年的收益,这就是荷兰土地的价值。用同一标准来衡量,英国的利息是百分之六,土地值二十年的收益,在爱尔兰,仅值十三年收益,那里的利息是百分之十。所以,根据利息率,就能得出一个国家土地的价值。

因此,一切国家的利息都是由法律决定,由法律确定下来的。否则,它就不能成为商人结算账目、绅士出卖土地的标准。

论贸易的用途和利益

贸易的用途在于制造和提供为生活的维持、防御、舒适、欢乐和豪华所必需的或对这些有用的物品。于是酿酒商、面包师、屠夫、家禽贩、厨师以及药剂师、外科医师和他们的从属为维持生活提供了食物和医药。刀匠、军械工人、火药工人连同他们的贸易伙伴为国防而生产产品。鞋匠、鞍工、椅匠以及更多的人是为了人们生活得舒适。香料商、小提琴手、画家和书商以及一切使事物满足人们感官享受、造成心情愉快的行业,都促进人们的欢乐。但是表现生活的豪华的行业是无穷无尽的。因为除了装饰人的身体的行业如手套商、内衣经售商、帽商、女裁缝、成衣匠以及其他等等之外,还有那些制造装扮用的材料的行业如服装商、丝绸商、花边商、缎带商以及帮助他们的布商、绸布商和女帽商等,为数在一千种以上。还有制造仆人用具和马匹饰物的行业,而那些建造、装备和装饰房屋的行业是不计其数的。

于是商人为了自己的利益而大显身手,因为,通过商业,国家的自然财货得到了利用,羊毛和亚麻做成了衣服,兽皮做成了皮革制品,木材、铅、铁和锡做成了上千种有用的东西,这些商品的多余部分是无用的,被商人用去交换酒、油、香料以及外国的一切好东西。商人由于他的辛苦而获得一份,地主由于出租地产而得到另

一份。所以,通过商业,不只是一般居民吃得好、穿得好、住得好,而且比较富有的居民还享有促进生活的舒适、愉快和豪华的一切东西。相反,在同一个国家中,如果没有商业,地主就会饭蔬衣粗,蛰居陋室,而且他们出租土地除了得到他们贫穷的赤脚佃户的敬意和奉承外,将一无所获,因为佃户拿不出任何别的东西。

贸易提高了地租,因为使用了几种改进措施,土地生长出更多的自然财货,因此,地主的那一份是较大的。无论他的那一份用货币或用实物支付都是一样的,因为货币必须用来买这些货物,货币是一种为了便于交换而由法律制定的、想象的价值,自然财货是现实的价值和地租。

商业的另一种好处是,它不仅带来富裕,而且带来和平,因为北方民族发展的时候,由于气候造成的困难而被迫迁移,并且常常消灭和征服气候比较暖和的地方的居民,以便为自己留下立足之地。从那时起,就有一个谚语:Omne Malum ab Aquilone(北风是万恶之源)。但是那些从事贸易的北方居民,他们的勤劳使土地变得更加肥沃,并且由于用国家的财货去交换气候比较温和的地方的酒和香料,那些国家成为最适宜于居住的地方。有着温暖的食品、衣服和住房的居民更能经受寒冷季节的巨大困难。这些看来就是过去七八百年没有发生来自世界北方的、要消灭比较温暖国家的居民的那种入侵的原因。其次,贸易使劳动者得到的工资超过打仗得到的报酬,所以,在国内过和平生活而不是到国外打仗找出路更加符合人类的利益。

这些都是贸易对人类的好处;贸易对政府的好处是很多的。

贸易增加政府的收入,提供人民的就业机会,因为,每个工作的人都要因自己吃穿的东西付给政府一些钱。于是货物税和关税增加,并且每个人挣得越多,消费得越多,国王的税收也就增加得越多。

这提示了结束有关制造或进口哪些货物对国家最有利的争论的方法:唯一的差别是,雇用多少人来制造它们,因此,进口生丝比进口金银对政府更有利,因为拈丝和织丝比金银加工雇用的工人更多。

贸易的另一种好处是,它对保卫政府有用,它提供战争的军火库。枪炮、火药和子弹都是用矿物做的,而且都要由商人加工制造。其次,那些矿物不是在一切国家中都有,大量的硝石来自东印度,因此,必须由商人进口,用本国的财货去交换。

贸易的最后一个好处是,它有助于帝国的扩大。如果一个世界性的帝国或者一块非常辽阔的版图能够在世界上重新建立起来,那么,这看来很可能是靠贸易实现的,是靠增加海上的船只而不是靠陆上的军队实现的。这是一个很大的题目,这里无法加以讨论。但是法兰西国王在欧洲建立帝国的明显意图,成为人们共同的话题,这一意图引起人们一些短暂的思考,在把一方面的困难同另一方面的机遇加以比较的时候就会出现这样的思考。

建立一块非常辽阔的版图,特别是在欧洲,困难是很多的。

第一,欧洲的人口比以前稠密,它所设防的市镇和城市比最后一块辽阔的版图罗马帝国时多,因此,欧洲不容易从属于任何一位君主的权力。

是否只是由于人类的自然增长,欧洲人口就更加稠密,出生超过最初遍及世界的死亡?

或者,是否因为欧洲居民醉心于贸易,土地变得更加富饶,提供更丰富的食物,从而防止了从前毁灭过大量人口的饥荒,所以,近三百年来,历史学家看不到有大的饥荒?

是否由于排干巨大的泥沼、湖泊、沼泽,砍伐大量的森林,为人口的增长腾出地方,空气变得更有益于健康,因而瘟疫和其他传染病的危害比以前小?没有什么瘟疫像普罗科皮阿斯[①]和沃辛汉[②]所报道的瘟疫那样猖獗,那次瘟疫在意大利毁灭了大量人口,幸存者不到百分之一,而在欧洲其他地方,生者人数不足以埋葬死者。1665 年发生的鼠疫是最大的一次,但在英国、荷兰和鼠疫流行的其他国家,却没有夺去百分之一人口的生命。

是否因为发明了枪炮弹药,所以不像以前那样有很多人在战争中被杀死?薛西斯在反对希腊人的一次战斗中损失二十六万人,亚历山大消灭了大流士军队十一万人,马利乌斯杀死了十二万辛布里人。在大的战斗中,死亡人数很少低于十万人,但是,现在死亡两万人就被认为是很大的杀戮。

是否因为北方人醉心于贸易,所以如此大量的人口没有被入侵消灭?

是否由于所有这些情况,或者特别由于其中的某一情况,欧洲

① 《拜占庭历史巨著集》。再次修订和补充,根据巴·格·尼布尔的建议,由皇家波鲁士文学研究院审定陆续出版,第 II 部分,“普罗科皮阿斯”(波勒,1883 年);见第 I 部分,第 249—255 页(波斯之战)和第 II 部分,第 162 页(哥特之战)。

② 《纽斯特尼亚概况》(亨利·托马斯·赖利编,载于大英历史案卷,1876 年,伦敦);见第 292 页(公元 1349 年)。这部著作于 1574 年第一次出版,后来再度问世,作为威廉·卡姆登的《盎格尼亚、诺曼尼亚、伊比尔尼亚、坎布尼亚的古典作品》的一部分于 1603 年在法兰克福出版。

变得人口稠密？对这里的讨论来说那是无关紧要的。只需要表明，事实就是这样，把各国的古代史同现代史加以比较，它就显而易见。

在对古代的描述中，各地树林密布，野兽成群，居民尚未开化，野蛮成性，不习手艺，政府像是一伙人或一群人。但是在现代，树林被砍伐，狮、熊和其他野兽被消灭，再也没有食肉动物与人住在一起，人驯养猫、狗供自己使用。在从前是树林的地方种上了谷物，并且用木材建立起城市、城镇和乡村。人们穿衣习艺，而那些小的人群和家族便扩大为大的国家和王国。英国人口增长的最无可争辩的证明是末日裁判书，它是对征服者威廉统治时期英国全体居民的调查报告。由此书可以看出，从那时以来，英国人口增加了一倍以上。因为对摩西关于世界增长的假设，一般说来，基督教徒是深信不疑的。已故首席法官黑尔爵士在其论人类起源的书[①]中努力去说服世界上所有其余的人，使他们也相信这一点。如果不是用在本书中自然得出的东西，即来自各个时代军队的各种胜利的东西，而是用任何其他的论题来进一步证明这一点，那将是浪费时间。

在世界的初期，政府是从小小的家族和人群开始的。所以，任何政府由于统治者的大智大勇而走在其余政府前面的时候，就日益发展壮大。对于尼鲁斯（他管辖的地区是最古老的从而也是人口最稠密的地区）说来，开始建立亚述帝国是没有困难的，他的后

① 马修·黑尔爵士（1609—1676年）：《人类最初的起源；根据自然本来的面目来考察和研究》。按照《国民传记字典》（XXIV，22）的说法，这部著作在黑尔生前没有出版过。

继者继续保持和扩大这个帝国也是没有困难的。居鲁士、大流士、希斯塔斯普、薛西斯等的十分庞大的军队,其人数最少的也在五十万人以上,这在当时世界人口不多的情况下是所向无敌的。

这些庞大的军队最初看来似乎说明当时世界人口比现在稠密,因为现在最伟大的君主的军队很少有超过五万人或六万人的。军队人数这么多的原因是,他们并不擅长军事技艺,并且这表明,世界处于它的知识的幼年期,而不是人口稠密,因为所有的人都能去当兵打仗。如果那种情况现在成为惯例的话,考虑到居民是七百万人,英国就可能有一支超过三百万人的军队。按照同样的比例,法国(有四倍大)的国王就可能召集一支一千二百万人的军队。这么大的数目是这个世界闻所未闻的。

靠军队来扩大帝国的第二个困难是,自从发明印刷术和使用指南针以来,航海术更加为人所知,因此,人们之间就有了更多的商业活动,对国家和语言有了更多的了解,知识传播得更广,战争的技艺各地都家喻户晓。所以,人们是在比以前更加平等的条件下打仗的。就像两个机灵的击剑者,在任何一人取得优势之前,要战斗很长一段时间。

亚述人和波斯人对外进行征服,更多的是依靠士兵的人数而不是依靠纪律,希腊人和罗马人则依靠纪律超过依靠人数。世界越老越聪明。好学之风首先在希腊人中间盛行起来,后来在罗马人中间盛行起来。一如后者在学习方面取得成功,他们在建立一个帝国方面也取得成功。但是现在双方都同样进行训练和武装起来。战争的胜利不可能是十分巨大的,征服者不遭受相当损失而取得胜利的情况是极其罕见的。

靠军队来扩大版图的另一个困难是，哥特人征服了绝大部分的欧洲，并以他们的政府形式来决定自由和土地财产，以致任何君主都难以改变那种形式。

是否如某些人所认为的，哥特人是十个部落的一部分。这些人为了证实自己的想法，曾对威尔士、芬兰、奥尼克和其他北部地方（这些地方外人不大去，外人可能改变他们的语言）居民的语言进行过比较，发现这些语言同希伯来语在很多词和发音上是一致的，他们说话都是发颚音。肯定无疑的是，看来他们的政府形式是仿效迦南地的摩西政府的榜样制定的，即按照土地财产，按照疆土建立在土地财产上这一古代格言来划分立法权。那里君主制是由处于和平中的占领军轻而易举地把土地划分为三份而建立的。将军充当国王，获得三分之一土地，上校们充当贵族，获得另外三分之一土地，上尉们和其他低级军官充当绅士，获得其余三分之一土地，普通士兵是农民，被征服者是农奴，根据他们的土地份额，在他们中间分配立法权。那些有土地财产的人应该有权使法律去维护土地财产，这是必要的。

看来只有两种固定的政府形式：土耳其的和哥特的或英国的君主制，它们都建立在土地财产上。在第一种形式中，财产和立法权都只掌握在君主手里；在第二种形式中，财产和立法权则掌握在君主和老百姓手里。一种形式最适合于用军队来增加领土，因为君主总是绝对能够根据各种不同的战争情况发号施令。另一种形式最适合于贸易，因为在人是最自由，并且安心地享受自己劳动成果的地方，那里的人也最勤劳。

所有其他各类的政府，无论贵族政府或者最高官员是选举产生的民主政府,都是不完善的、混乱的、不稳定的,因为人天生就是雄心勃勃的,他继承了上帝给予亚当管理万物的同样的统治精神。王位越是经常空着,就越是经常发生争夺王位的斗争。在成则为王是法则的地方,总是为了金奖而发生战争。尽管一些看来喜欢这样的政府形式的政治家千方百计去保卫这样的政府,但绝对不可能没有像马利乌斯和西拉这样的人去扰乱这样的政府,也绝对不可能没有像恺撒这样的人去篡夺这样的政府。

哥特人的政府是一个完美地确定的形式,人民在这个政府的领导下十分自由。这对于领土的扩张是一个极大的障碍。因为在一个好政府领导下的人民会更加奋不顾身地去保卫这个政府。自由的人民比奴隶有更多的东西可能丧失,他们的胜利所得到的报偿比任何雇佣兵的薪金要多得多,所以他们会进行更顽强的抵抗。希腊人和罗马人的自由提高了他们的勇气,并且在建立他们的帝国方面同他们的军纪起着同样的作用。自由城市泰尔使亚历山大要克服的困难,比所有亚洲城市给他制造的困难还要多。

生活在专制君主权力下的亚洲人民进行了微弱的抵抗。亚历山大征服了里比亚、菲尼夏、潘非尼亚,在他迎战大流士的征途上没有遇到多大的抵抗,埃及不战而降,很多乐于改变波斯束缚的国家也是这样。此外,他为争夺整个波斯帝国只打了两仗,那些奴隶般的人民的抵抗十分微弱,他在每一仗中的损失都不到五百希腊人,虽然从人数上来说,大流士的人数远远超过他的人数,前者超过二十六万人,后者不到四万人。而在杀戮的人数上也很不成比例,在西利西亚那一仗中,他杀掉十一万人,在阿尔贝拉一仗中,他杀掉四万人。而大约在同一时候,斯巴达人这个自由的民族同亚历山大的马其顿副王安提帕特尔打仗,在一次战斗中(双方军队都没有超过六万人)马其顿人被杀死一千零一十二人,这比亚历山大在他的两次战斗中损失的总人数还要多。对一个自由民族作战和对一个奴隶般的柔弱的民族作战的差别竟是如此之大。

由于同样的原因,世界上的人口更加稠密,战争的技术也更为人所知。欧洲人民在自由政府领导下生活。要统治一个国家和要征服一个国家同样困难。人民的人数太多,以致不可能让他们服从。毁灭绝大部分人,那是过于残忍和灭绝人性的。烧毁城镇和乡村,强迫人民迁移,就会失去绝大部分的掠取物。因为人民是一个国家的财富和力量,所以对君主来说,对未发现的地域的土地具有所有权,同对没有人民的国家具有所有权一样,都是毫无好处的。

此外,国家和语言更为人所知。人类彼此间也比以前更加了解。被压迫人民迁移到他们能够得到庇护的其他国家,并且成为其他政府的国民。由于以这样的方式增加国民,那些政府变得更加强而有力,也就更能抵抗帝国的侵犯。所以,每次征服都使得下次征服更加困难,因为可以从先前被征服的那些人民那里得到援助。现在已不再像以前那样把被征服者迁移到遥远的地区,世界上人满为患,已无立锥之地。

进行征服而又让他们自由,只是纳贡效忠,这等于没有征服他们,因为没有理由可以指望在他们能够进行抵抗的时候他们还会服从。如果他们继续这样占有自己的财物,他们的服从不会长久,他们很快就会进行反抗。所以,虽然罗马人在他们统治的初期让一些国家享有自由,以此作为对下次征服的援助,然而当他们变得强大的时候,他们就把全部征服地划分为行省,这是防止征服地发生叛乱的最有效的办法。

这些是帝国在陆上扩大领土的困难,但并不是它在海上崛起的障碍,因为那些阻碍帝国在陆上发展的事物,倒会促进帝国在海上的发展。认为世界上人口更加稠密,这并非偏见,但海上有足够的空间。很多设防的城镇可能会阻止军队胜利进军,但不能阻止船舶破浪前进。航海技术日新月异,航海船舶无远弗届。不需要改变哥特人的政府,因为它最赞成这样一个帝国。

保持由海上得到的征服地的办法同保持由陆上得到的征服地的办法不同。一种办法是,烧毁城市、市镇和乡村,使人口变得稀少,以便更加容易统治他们,让他们屈从。另一种办法是,城市必须扩大,并且建立新的城市,不是放逐人民,他们必须继续占有自己的财物,或者被邀请前往帝国所在地。前一种办法是,居民被奴役,后一种办法是,居民得自由。这样一个帝国所在地必须是在一个岛上,他们的防御只能依靠船舶。保卫他们的领土和扩大他们的领土都靠这同一方法。

不需要其他论据就可以断定,在海上比在陆上能够更快地建立起一个帝国,也比人们所见到的荷兰联邦的发展能够更快地建立起一个帝国。荷兰联邦在过去一百年内的发展改变了自己的面貌,从哀鸿遍野的悲惨景象变成生机勃勃的繁荣景象。不久前还是一个贫穷的渔民小镇的阿姆斯特丹,现在是欧洲主要城市之一。在同一时间内,西班牙人和法国人力图在陆上建立一个世界性的帝国。他们已经达到与他们的海上势力相等的程度。如果他们的政府对于辽阔的领土说来是合适的,并且他们的国家不与讨厌的邻邦即欧洲大陆各国连接，从而省去用于自卫的军费，那他们不久就会争夺所在地的统治权。

但是，英国看来是这样一个帝国的更合适的所在地：英国是一个岛，所以不需要军队保卫。此外，商人和军人是绝不会在同一个地方兴旺发达的。英国有很多适合于大片领土的大港口。由于气候的影响，居民生来就勇敢，斗鸡和猛犬的勇敢凶猛也为其他地方所不及。君主制既适合于贸易也适合于帝国。如果制定一个一般入籍法，规定所有在英国购置土地的外国人都能享受英国人的自由，那么，它可以比任何政府依靠陆军都要快得多地开拓出广大疆土：因为在欧洲的某些地方，人们受到战争的折磨和骚扰；因为某些统治者侵犯自己臣民的权利并且奴役他们；因为英国人民享有世界上最大的自由和最好的政府；因为依靠航海和书信，就可以有大规模的贸易和人们之间的普遍交往，于是一切国家的法律和自由也就为人所知。那些受压迫和被奴役的人也许会迁移，并且成为英国的臣民。如果臣民增加，作为王国的力量和收入的船只、货物税和关税也会按比例增加，王国不久就会变得十分强大，不仅能够维持它自古以来对英吉利海峡和爱尔兰海的统治权，而且可以把它的统治扩大到所有的大洋：这个帝国无论同亚历山大的帝国或恺撒的帝国相比，光荣都不逊于它们，而且幅员要辽阔得多。

论促进贸易的主要原因

促进贸易的主要原因(且不谈好政府、和平、地理位置和其他有利条件)是穷人的勤劳和富人的慷慨。慷慨就是自由使用由穷人的勤劳所创造的一切供身体和精神之用,这主要是指自己使用,但是并不妨碍他对其他人慷慨。

与这一美德截然相反的两个极端是挥霍与贪婪:挥霍是一种对人有损害而不是对贸易有损害的罪恶,他生活阔绰,把应该维持自己一生生活的钱财在一年中就花光用尽。贪婪是一种对人和对贸易都有损害的罪恶,它使人挨饿,使商人破产。同样,贪婪的人认为自己变富了,其实他变穷了;因为供人使用的商品没有被消费,积压起来,被说成是物资丰富,这些商品的价值下降,贪婪的人的财产,无论是土地或货币,都不如以前值钱。对一个贸易国家说来,富人都贪婪而不花费,就会像一场对外战争那样危险。因为,虽然他们自己并不会因贪婪得到任何东西,也不会更加富裕,但是他们会使国家变穷,使政府在由消费而来的关税和货物税方面遭受巨大的损失。

慷慨应该主要表现在把支出同等地分配在与衣食住有关的那些物品上。根据指定给每个人的份额或其地位,并且也多少考虑到精神上更精致细腻的需要进行分配。这样的分配能使柏拉图主义者和伊壁鸠鲁主义者这两个哲学派别都感到满意：两全其美，皆大欢喜。

最能促进贸易的支出，是花在穿和住、花在装饰身体和房屋上的支出。有一个人提供食物，就有上千的商人给身体穿着打扮，修建和布置房屋。时髦是属于衣服的，它是衣服的式样或形式。

在某些地方，衣服是一成不变的，如在整个亚洲和在西班牙。但是在法国、英国和其他地方，衣服是千变万化的。时髦或衣服的变化是伟大的贸易促进者，因为它在旧衣服穿破之前就引起衣服的消费：它是贸易的精神和生命；它造成循环，并且把价值轮流赋予各种商品；它使巨大的贸易驱体保持运动；它是一种关于给人穿着打扮的发明，使人就像生活在永恒的春天之中，他从未看见他的衣服的秋天。赶时髦是以称赞君主对衣服式样的选择而对君主及其宫廷表示的尊重。很多严肃、庄重的人鄙视这种行为，但是没有任何正当的理由，因为那些大声疾呼极力反对新式样的浮华虚荣，同时又称赞旧式样的正派体面的人，忘记了每一种旧式样以前都曾是新式样，所以可以用同一论据来反对这种论调。如果一个印度人或者一个外国人从未见过任何人以前是怎样穿着的，那就应该让他担任争论的裁判。他如果同时看到下面三种不同穿着的人，一个是穿新式样华美服装的人，一个是穿人们认为体面的旧式样服装的人，还有一个是穿人们普遍认为具有尊严威望的官员制服的人，那他作出的裁决一定是以二与一之比来否定任何一种严肃的式样。因为仅仅由于使用和习惯，而不是由于任何样式上的特别方便，衣服才变得严肃和体面。因为如果方便是值得称赞的标准，那就会产生一个不易解决的问题：应该挑选西班牙人的紧身

服装,还是土耳其人的宽大服装?所以,由于一切服装都同样漂亮,很难知道哪一种最方便:应该鼓励发展新式样,因为这为大部分人提供了生计。

另一大大促进贸易的花费是建筑,它对人类说来是自然的,是为人的出生建造一个住所或寓所,这是显示富有和伟大的最合适、最恰当的方式,因为花费太大,一般人望尘莫及。这是一项适合于取悦君主的乐事,因为一座雄伟华丽的建筑最能代表住在这座建筑中的人的威严崇高,并且是表明此人伟大的最持久和最真实的历史。

建筑是最主要的贸易促进者,它比吃和穿动用更多的行业和人员:建筑业的工匠,如砌砖匠、木匠、泥水匠等,使用很多人手;而为建筑制造材料如砖、石灰、瓦等的那些工匠,则使用的人手更多;再加上那些布置房屋的人如室内装潢商、锡蜡器皿商等,他们的人数就多得几乎不可胜数了。

在贸易使居民变得非常富有的荷兰,政府积极鼓励营造业者,并且由国家出资修建了房屋和街道。在阿姆斯特丹,他们三次花巨款把城墙推倒,把泥沼排干,为营造业者腾出地方,因为房屋是工匠制造货物、商人出售货物的地方,没有新房屋,贸易和居民都不可能增加。

此外,扩大城市对于贸易还有另外一个很大的好处,那就是穿和住这两项有利的支出都增加。人天生就是雄心勃勃的,大家住在一起会互相竞赛,这可以从彼此在衣服、用具和房屋家具上要胜过对方表现出来。而如果一个人离群索居,他的最主要的支出就会是食物。正是由于这一习惯,当住在城里的法国贵族们发明各种时髦式样时，法国虽然是一个根本不适合于贸易的国家，却占有很大的贸易份额。由于衣服的式样和城市的生活，法国国王的收入是如此巨大，使他的邻国感到烦恼，当他能够保持自己国内的和平时，收入就总是那样巨大，那些财富源泉会源源不断地流入他的国库。

论英国贸易衰落和地租下降的主要原因

贸易衰落的两个主要原因是：禁令多，利息高。

贸易禁令是贸易衰落的原因。因为一切外国商品都是用本国商品交换得来的，所以禁止输入外国商品，就会妨碍人们制造和出口很多为了交换外国商品而生产的本国商品。制造和经营这些商品的工匠和商人失去了他们的贸易，而这些贸易所获得的，并且在其他商人之间花费的利润就丧失了。由于缺少这样的出口，本国货的价值下降，而地租也必然随着货物的价值下降。

主张禁止外国商品的一般论据是，引进和消费这些外国货妨碍制造和消费我们自己本国制造和发展的同类货物。因此，弗郎德勒的花边，法兰西的帽子、手套、丝绸，威斯特伐利亚的火腿等是被禁止的，因为认为这些东西妨碍英国的花边、手套、帽子、丝绸、火腿等的消费。但这是一个错误的理由，这一错误理由之所以产生，是由于没有考虑究竟是什么引起贸易的。不是身体的需要引起消费，很少的东西就能满足人体的需要。引起贸易的是精神的需要、时髦、对新奇事物和稀有物品的想望等。英国的花边、手套或丝绸一个人想买多少就可以买多少，因而他不再想买它们，而想花钱买威尼斯的针绣花边、杰斯明的手套或者法兰西的丝绸。他可能在不想吃英国火腿的时候却想吃威斯特伐利亚的火腿。所以,禁止外国商品并不必然会引起英国同类商品的更多的消费。

此外,外国人和英国人一样,具有相同的精神上的需要,他们想望新奇的事物,他们对英国衣服、帽子、手套和外国商品的评价比对他们本国产品的评价高,所以,虽然外国商品的使用或消费可能会减少同类英国商品的消费,但是制造的英国商品的数量不会减少。如果制造的数量相同,那么,它们在外国被消费掉比在本国被消费掉对国家的好处更大,因为国家可以收取和使用运费,大宗货物的运费可能成为全部价值的第四部分。

期望靠这样的禁令得到好处的特殊贸易往往失算,因为如果大多数商品的使用取决于流行的风尚,而风尚常常变化,那么,那些商品的使用就会停止。例如,假定有一条禁止藤椅的法律,但是,不能必然得出结论说,那些制造和编织地毯、椅子的人会有较好的生意。因为采用木椅、皮椅或丝绸椅(这些椅子在贵族中间已经使用,因为藤椅变得太便宜、太普通了)的风尚也许会流行起来,或者,他们可能干脆不用椅子,采用睡毯子的习惯。这是古代罗马人的习惯,土耳其人、波斯人和一切东方君主仍有这种习惯。

最后,如果查禁或禁止某些种类的货物能够证明,这对商人有好处,并且增加我国同类商品的消费,那么,它也会证明是国家的损失。因为贸易对国家的好处,是来自关税和来自使用很多人手的货物。所以,虽然禁止的办法可能增加本国同类商品的消费,但也会妨碍用来交换这些商品的其他商品的运输,而其他商品支付更多的关税、运费,或者在制造中使用最多的人手。国家会因禁止而遭受损失。例如,经常用烟草或毛衣去换取威斯特伐利亚的火腿,那么,禁止的办法虽然会增加英国火腿的消费,却会使国家遭受损失,因为前者支付更多的运费和关税,后者使用更多的人手。按照这一标准,看来禁止一切未加工的货物,如生丝、原棉、亚麻等以及一切大宗货物如酒、油、水果等将是国家的损失,因为任何能够用于交换的东西,不可能比前者使用更少的人手或者比后者支付更多的运费。

如果收支平衡,或者一切外国货物都是用金银购买的,情况并不会发生变化,因为金银是外国商品,只支付很少的运费,只使用很少的人手从事制造,并且当初是用一些本国货物去交换而被带入英国的,并且为它们运来进行支付,必须为它们运走进行支付。确实,如果用我们的哔叽、呢绒或者布匹去交换未加工的货物,那将对国家更有利,因为在前者和后者的生产上人手的数量是不同的。

但是,一切从事贸易的国家都细心研究它们贸易的好处,并且知道用加工过的货物去换取未加工的货物所得利润的差额。所以,任何国家制定禁止一切外国货物(只有那些能够给它带来最大好处的货物可以幸免)的法律,都会使其他国家也制定同样的法律,后果将是毁掉一切对外贸易。因为一切对外贸易的基础,来自每一国家本国商品同另一国家本国商品的交换。

结论是:引进外国货物会妨碍本国货物的制造和消费的情况是很少发生的;纠正这种不利情况的办法不是禁止那些货物,而是对它们征收重税,使它们总是比我们国家制造的货物昂贵。价格昂贵会妨碍对它们的一般消费,使它们专供贵族使用,贵族可能因为这些商品昂贵而重视它们,也许,即使不进口外国商品,贵族也不会消费更多的英国商品。征收这样的赋税,君主的收入会增加,并且任何外国君主或政府都不能反对,因为各国政府享有按照自己的意愿征税的自由。贸易将继续是公开的和自由的,而商人享有他们的贸易利润,国家的多余的滞销货物将被运走,这将维持本国货物的价格和地租。

英国贸易衰落和地租下降的另一个原因是,英国的利息比荷兰和其他进行大规模贸易的地方的利息高,英国的利息是百分之六,荷兰是百分之三。因为与相同的港口进行同类货物贸易的一切商人,应该按照相同的利息进行贸易。

利息是买和卖的尺度。英国的利息比荷兰高,英国商人进行贸易有一个不利之处,因为他不可能与荷兰商人在同一港口,按同一价值出售同类货物。荷兰商人可以把值一百镑的货物卖一百零三镑,而英国商人必须把同类货物卖一百零六镑才能得到相同的本金和利息。

当托马斯·格雷汉爵士几乎是独家经营对西班牙的贸易,而土耳其公司独家经营对土耳其和其他一些地方的布匹销售的时候,虽然当时英国的利息是百分之八,利息的差额并不损害贸易。因为什么人独家经营对一个地方的贸易,他就可以随意给自己的货物规定价格。但是,现在贸易是分散的,几个国家都制造同类的工业品。荷兰和英国的商人都与同一些国家进行同类货物的贸易,因此,他们应该按同一利息(它是贸易的尺度)进行贸易。

此外,英国商人在他买的回头货方面也有同样的不利,因为荷兰商人买的同类的回头货可以低价出售。

由于利息的不同,荷兰已成为欧洲的这一地区各种货物的巨大仓库和货栈,因为货物储存在荷兰比储存在英国便宜。

商人购买自己货物的时候不可能知道他将按什么价格出售这些货物,它们的价值取决于需要和数量之间的差额。虽然这是商人喜欢考察的最主要的事情,但是这取决于很多无法知道的情况。所以,如果丰富的货物使价格下跌,商人就把货物储存起来,直到货物销售殆尽,价格上升。但是英国商人由于处于不利地位,不可能把自己的货物储存起来,因为价格上升到可以支付费用和百分之六的利息之前,同类货物便会从荷兰运来,使价格下降,这是因为货物按百分之三的利息储存在那里,所以能够卖得便宜一些。

在英国,很多英国商人由于没有考虑到这一点而遭到失败,因为虽然他看提货单就能多少猜到这里进口的货物,因而不让自己的货物出手而等待价格上涨。但是,他不知道荷兰有多少存货,在价格高到足以支付仓库费和利息之前从荷兰运来同样货物的时候,他不能把自己的货物出售谋取利润。

所以,现在大部分英国贸易是由迅速的回头货所推动,根据每天印出的利率单进行买卖。依靠这一方法,英国的贸易是狭窄的和有限的,国王失掉了进口的收入,如果英国是欧洲的仓库的话,他本来会得到这些收入的。国家失掉了货运和海运所雇用的人手会产生出来的利润。

英国的利息很高是地租下降的原因;因为贸易被限制为迅速的回头货:商人不能按照与荷兰相同的利息把外国货储存起来,他出口的本国货较少。丰富的本国财货使地租下降。因为生产财货的其余土地,也像财货的价格一样,必然会下降。

反之,如果利息率同荷兰的一样,是百分之三,那就会使地租较为稳定，从而提高土地价值。

百分之三的差额是如此之大，以致很多荷兰商人，他们住在荷兰，却在英国出售他们的货物。他们开出凭证，按英国利息投放出自己的货物，他们认为这比他们靠贸易所能得到的好处更大。

这会提高某些地产的地租，而使其他地产的地租保持不变。因为农场主必定会像商人一样算细账，财货的利息和地租必定都会加以考虑。现在，如果农场主在他的农场上有三百镑财货，农场很容易出租，他能靠出租农场生活得很好，因为他现在付出的利息是百分之六，所以在利息是百分之三的时候，他可以使租金每年增加九镑，并且从农场得到同样的利润。而有些农场主具有同样的财货，却很难把农场租出去，在他们的账上将有每年九镑的预付款以弥补少得的租金：因为虽然农场主在年底不再得到什么，但是在结账的时候，必定会有九镑加进土地的价值，那是从财货的账上转来的。如果利息是百分之三，那么英国就始终会有一个谷物和羊毛的仓库，那将对农场主有很大的好处，并且使农场主的租金更加确定。因为有丰收年和歉收年，农场主在大丰收年遭到失败的，比在歉收年恢复元气的要多。因为当价格很低的时候，收成并不能支付播种、耕耘和运往市场等的费用，当价格很高的时候，并不是在丰收年遭受损失的一切人都能得到收成。现在，如果利息是百分之三的话，大丰收年的谷物和羊毛将会被购买和储存起来，以备歉收年出售。在丰收年进行的购买将会使价格不致跌得太低，而歉收年的出售将会防止价格升得太高，用这种办法就能最恰当不过地给谷物和羊毛规定一个适中的价格。农场主的财货和地租将会更加确定。

但是,现在荷兰是一个大谷仓。人们总是按百分之六的利息在英国储存任何数量的谷物,而人们始终能够随便购买按百分之三的利息在荷兰储存的谷物,并且能够又快又便宜地把谷物从荷兰运往英国的任何地方,就像谷物是储存在英国一样。

第三,如果利息是百分之三,英国的土地就会值三十六年至四十年的收益,因为利息规定土地买卖的价格。

利息的降低将不会改变其他商品的价值,因为一切商品的价值来自它们的用途,它们的贵贱来自它们的丰富和短缺。利息的降低也不会使货币变得更短缺。因为如果法律不再允许利息超过百分之三,那么,靠利息为生的人必定按照这一利率放款,否则就得不到利息,因为他们不可能放出贷款到任何别的地方以得到更大的好处。但是,如果认为利息的降低会使货币变得短缺,并且会损害想得到贷款的政府,那么,可以由条款规定,所有贷款给国王的人可以获得百分之六的利息,这样的好处会使所有的人都贷款给政府,而国王由于这一法律将节省百分之二。

这样一种法律造成的表面上的损害,是减少靠利息为生的人的收入。但这不是全面的损害,因为在那些人当中,很多人既有土地又有货币,并且从二者的互有涨落中得到的是一样多。此外,他们当中很多人生活节俭,很多时间是住在他们的地产的范围内,所以并不需要利息,但啧有烦言。他们很长时间享有借款人的好处。因为土地只提供百分之四,而利息是百分之六,新的债务是每年负债比农业债务价值所要支付的多百分之二。农业债务价值曾经毁灭了很多好的农场,并且吞没了很多英国古代贵族的地产。

摩西这个聪明的法律制定者,他认为分配给犹太人的土地应该继续留在他们的家族中。他禁止犹太人支付利息，因为他清楚地知道那些必然成为他们近邻的泰尔商人将会依靠放债收利的办法最后得到他们的土地。很清楚，这看来是有道理的。因为犹太人可能接受陌生人的利息，但不支付利息，因为接受利息，他们就能保有自己的地产。

法学家发明了限定继承权，把地产保持在家族中。把利息降到百分之三将大大有助于使这种情况继续下去，因为地产的价值增加一倍，按照同样的支出比例去消费它，就需要增加一倍时间。

现在，当国家正在进行一场课税斗争的时候，提高土地的价值看来是最需要的。因为土地是必须用于支持和维持政府的资金，而税收的支付则比较少，比较容易，因为税收不会很重。因为按照二十年收益计算，一镑中的三先令现在是每人土地地产的一百三十三又二分之一。但是，如果土地价值增加一倍，那将是土地的二百二十六分之一，那就更容易提供了。

康帕内拉一百年前就考虑到法国广阔的土地，他说，如果这些土地以前在一个君主的统治下联合起来，那就能提供如此大量的收入，以致可以把自己的意志强加给整个欧洲。[①]

这一分析的影响可以从现在法国国王的意图看出来：因为英国是一个岛，土地数目不可能增加，所以看来绝对必需的是，应该提高土地价值，以保卫国家抵抗这样一个强大的力量。地产价值的提高将是对贵族们（他们的土地必然承担战争的重担）的补偿。

① 《西班牙修道院的康帕内拉》，新版，前言中向读者指出作了增订（阿姆斯特丹，1653 年），见第 24 章（高卢），第 187 页。

这是政府的资金和对政府的支持,对整个国家有极大的好处,而它更加伟大的地方在于,它不扰乱、减少或改变其他任何东西的价值。

贸　　易　　论

〔英〕达德利·诺思 著
吴衡康 译　祥槐 校

目　　录

引　　言

这里重印的这本出色的小册子，其写作和出版的情况，达德利·诺思爵士之弟、传记作家罗杰·诺思曾作过叙述。[①] 该书初版问世是否受到注意或起过作用，还是个疑问。的确，有一相当长时期认为该书完全丢失了。1744 年罗杰·诺思在作品中暗示，这本小册子遭到有计划的查禁，并声称："肯定，这本小册子自问世以来完全被埋没了，而且用钱也一本都买不到了。"[②]

诺思的著作被忽视和遗忘了一个多世纪。银行限制法和谷物法的辩论引起了讨论经济问题的高涨的兴趣，这时一小批刚刚有些信心开始自命为"政治经济学家"的自由派人，注意到了罗杰·诺思著的《传记集》中关于达德利·诺思《贸易论》和他的经济观点的介绍。[③]

据说，从那以后，那些自由派人多方寻求这本小册子，但没有

---

① 《达德利·诺思爵士生平》(*The Life of the Hon. Sir Dudley North*)，四开本，伦敦 1744 年版；此外见《法兰西斯·诺思右翼议员……达德利·诺思爵士……和神学博士约翰·诺思……生平集》(*The Lives of the Right Hon. Francis North …, the Hon, Sir Dudley North …, and the Hon. and Rev. Dr. John North …*)新版 3 卷集，八开本伦敦 1826 年版。

② 同上书，八开本版，第 3 卷，第 173 页。

③ 见 1846 年重印版"前言"。

结果。直到拍卖卢廷藏书时才发现了一册,它被带到爱丁堡,由鲍伦泰出版社印成精致的小开本,附有一个不署名的序言性的"广告"。我们推测麦克库洛赫*——毫无疑问,当时他已开始收集经济论文的巨大工作了——既是这本小册子的购买者又是编辑者。的确应归因于这个不倦的苏格兰喜欢藏书的经济学家,从此以后,这本小册子才得以流传,它的作者也得到了评价。[①]

1846年,布莱克出版社很可能在麦克库洛赫的影响下,又发行了这本小册子的限定本,并附有一篇可能出自麦克库洛赫手笔的"前言"。1856年它被收入《英国初期贸易论文选集》(*Select Collection of Early English Tracts on Commerce*),该书是麦克库洛赫为政治经济学俱乐部编纂的。所有这些重印本,现在同原版一样成为珍本了。

诺思的著作,对经济思想和经济活动的发展,与其说具有什么影响,倒不如说具有重要意义。尽管这里的一些慎重的评论家也许不会同意麦克库洛赫的无保留的评语,说此书"对真正的贸易原则作了更为能干的和广泛的阐述,超过用英文或任何其他语言发表的早期同类著作"。[②] 这次以廉价版重印,仍会受到经济理论史的研究者的欢迎。

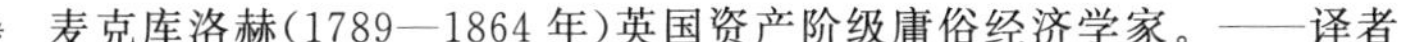

* 麦克库洛赫(1789—1864年)英国资产阶级庸俗经济学家。——译者

① 默莱勋爵寄给李嘉图的就是这本1822年重印本,关于该书,李嘉图在致麦克库洛赫的信中写道:"我没有想到,在这么早的年代,竟有人具有像这本书表达的如此正确的观点。"参看《李嘉图致约翰·雷姆赛·麦克库洛赫的信》(*Letters of David Ricardo to John Ramsay McCulloch*),荷兰德编,1895年纽约版,第126页。

② 《政治经济学文集》(*The Literature of Political Economy*),1845年伦敦版,第42页。

本版根据1691年出版的《贸易论》重印。保留了原书书名页的原样，并标清了原本中的页码。*

* 中译本均从略。——译者

前　　言

有人把这几篇文章送交给我，据我猜想是要我予以发表的。出版是公诸于世的唯一手段，把这些文章送去付印之后，我就履行了那项委托。

作者不愿发表真名，我把他的文章仔细推敲之后，并不认为这是由于他理亏心虚，怕大人物厌憎，或是过分谦虚，而这些正是匿名的通常诱因；作者倒是不辞劳苦地把他的感想，用世人通常期望于作者的那种精确的方法与简洁的文体，加以琢磨和提炼。我相信：作者只寻求公众的利益，不大去考虑文章由于缺乏他似乎颇为轻视的那种纯正和修饰而受到责难，他力求完全以他所讨论的问题的真理和正义作为他立论的根据；然而他很有理由拒绝人们把他同一个著名的粗枝大叶的或不学无术的人相提并论。

公众不但是个无情的老师，而且是个精明的老师，他既不放过一个缺点，也不原谅一个缺点；他们会立刻判决，当即执行，即使对他们的成员也是如此，公众同冒犯施主的一般乞丐同样地忘恩负义，而没有施主的施舍，他们的知识就会枯竭。

因此，我不能不原谅我们朋友的悄然引退，我将尽量利用他的缺席来更随便地评述这些论文。然而我确信，如果他在场，他是会容忍的。

至于说到文笔，你会发现那就是人们日常所讲的英语，而根据贺拉西的说法，文笔是语言的法则和规律。我也并不认为那位先生想要发表的意见会超出他的书题所包含的内容；这些普通的论文，可能经过誊写者之手，未经仔细校对就送出来了。当然，谁也不会因为一个很有才智的朋友口才不如杜利就拒绝听他谈话。如果谈话可以深受欢迎，那么同一件事情用文字写了下来，为什么就要受到我们责备呢？不但如此，对勤勉和劳苦这样苛求，从而挫伤所有有才智的人发表作品的积极性，其结果是使我们丧失他们对大家所关心的事情作出判断的好处，这种做法显然是很失策的。

文字确是巧妙的东西，有些人文字写得很完美，但在很多场合，它像美丽的面孔一样，成为引诱道德堕落的东西，因为我知道，很多人忽视睿智的判断，将它搁置起来，而把华丽的辞藻放在首位；另一方面，如果像那位作者那样需要斟酌字句的话，整个努力只是通过理性的纯正的力量，并且只是依靠这种力量来求得实现。

律师在其起草的文书中抛弃一切语言的装潢，只留心词意的表达，使之毫无争辩的余地。商人在其运用谋略和进行交易时，所选用的字眼无一不是他们的论点所必需的，因为他们想要表达的是问题的实质和理由，而不是着眼于修辞。那么，推究事理的人除了为阐明他们的道理所必需的话以外，为什么要受拘泥呢？

讲话简短明了，这是值得钦羡的美德。如果对许多人讲话，或者在讨论重大问题的集会上讲话，或者在有很多人参加的会议上发言，讲话简短是绝对必要的；至于你的论文，如果冗长得令人生厌，倒不如一笔勾销，免得浪费时间；但对待那些无知的懒汉，或一伙确实鲁莽的（又是容易冲动的）、易于受骗的贪听之徒，情况就不一样。我可以补充一句,在写作上,除非是文牍体裁(可以设想写得很草率,应该简短而形象化),长篇大论比之晦涩的或缺乏思想内容的文字,更能取得谅解,因为我们用的是自己的时间,并且有空闲的工夫加以推敲。

我愿承认,在那些以舞文弄墨为业的富裕而闲散的人和学者中间,单纯的修饰语句是他们认为最值得称道的娱乐之一;我们就让他们去享受吧。对商人来说,这是最可憎的事,我指的是纯粹的闲情逸致。

我也承认,现今在诗词中常见的对文字的精心琢磨,对于安排任性的人去学习,使他们耐心阅读这方面来说,是有用处的。可是在当前这个时代里,人们的好奇心还没有达到这样的低潮。特别是在进行派别活动和争论时,人们是十分热心去钻研书本的。如果他们写作和阅读时所表现的诚恳同勤勉的程度一样,那就好了;我们不需要采用甜言蜜语的手段去引诱人们阅读,他们的求知欲是很旺盛的。如果题目符合他们自己的兴趣,我认为只要你能使他们理解,你就可以信赖他们。

至于在这几篇文章里所使用的方法,简直没有什么矫揉造作的地方,恐怕有人还会说根本没有。我从来不认为真正的方法在于那种不自然的分段分节,然后又分成次段次节,第一、第二、小一、小二等等,虽然这些分目在供人参考的书籍如辞典、文库中是很有用处的;但是在使人可以理解的地方,它就成为纯粹的废物了,主要的问题往往因不自然的分目而不易捉摸了。

如果事情按自然的次序排列,结论不放在前提之前,从而,论证的过程清清楚楚,可以理解,那么这样的结构就够了。我的一位朋友常说，第一章要放在第二章之前，这是他留心的全部方法。这番话只是表达了我刚才发表的意见，我想在这里也会看到。

扼要地分条描述已见这一苦事，是思想意识所承受的另一种负担，这种负担使大量的议论不能抒发出来；如果没有卓越的才能和很多的锻炼，写作将是异常困难的。我不明白，为什么其他的人就不可以像蒙台涅一样，用随笔的形式任意漫谈，如果他们言之成理的话。

《斯卡利格拉纳》(*Scalligerana*)、《皮罗阿纳》(*Pirroana*)、《感想录》(*Pensees*)和塞尔登先生的《桌边谈话》(*Table-talk*)都是一大堆不相连贯的片言只语，然而他们的智慧和精神是可敬的，因此，让最宝贵的东西即理性和真理得到鼓励而传播开来，不要对它强加这种代价昂贵的轭具吧，否则作者们就要变得像酿酒厂的马匹一样，虽然是非常有用的动物，却以服繁重的苦役而闻名。

我觉得，当我遇到一大堆"第一"、"第二"时，我便嗅到了一个自诩为著作家的人的味道，一个像任何其他的傲慢之徒一样令人作呕的家伙。只要言之成理，而且又能使人理解，拘泥于形式的方法论者还有什么好说的呢？我吃我的海扇肉，谁愿意谁就拿鲜艳的外壳。

在议论了上述这些事情之后，如果不谈一些关于这几篇文章的主题，即商业和贸易以及作者对它们的态度，那是不适当的。

这位作者的性情似乎与绝大多数参与公开讨论这个题目的人不同，因为很明显，他的贸易知识和经验是值得重视的，除非他本人是个商人，否则这些知识和经验是得不到的；而且他的交易带有什么样的性质，也不可能从他的谈话搜集到，因为作者不偏不倚地谈起的是一般贸易,而没有偏离这一方向去专谈同他自己有利害关系的某一具体问题。以前有人指出,当征求商人的意见并只涉及一般贸易问题时,他们的见解是一致的,但当涉及利害冲突的问题时,他们就完全不同了。至于有关货币利息的意见,他明白表示,货币利息应让市场去自由决定,而不应受法律的约束,就这一点来说,他理应受到与那些具有不同判断标准的人所受的同样的怀疑,这就是说,他偏袒自己的利益;分歧之点仅仅在于一个可以想象的原因,即一方富裕,另一方缺乏。他以自己的种种理由作出了判断,而每一个人总是能随意举出许多理由来的;可是一个聪明和正直的人,又没有任何其他方法可以用来证明,他对公众关心的问题的意见是正确的。

其次,我觉得这本著作是从另一个角度来讨论贸易的,与通常的情况不同。这话,我是从哲学上说的,理由是:通常的庸俗的思想既然不过是鸡毛蒜皮,已经被抛弃掉,他就在有血有肉的地方,从分明是正确的原则出发;由于他以同样审慎的态度进行论述,他终于就贸易方面最微妙的争辩和问题作出判断。判断是十分清楚的,因为他把问题分析得十分透彻,在那里一切分歧的意见都极为具体和明显,然后对它们加以论证,而不是处于泛泛之谈的状态,泛泛之谈的用语是表现不出什么特色的。

这种论证的方法随着新哲学的兴起而推广应用,旧哲学所讨论的则以抽象的观念多于事实,它是用来形成种种假设,以适应大量论据不充足的、难以理解的原理的,例如原子在真空里的直线或斜线的运行过程、物质和形态、实或正的反面、固体的天体、害怕真空(fuga vacui)[1],以及其他许多类似的原理。那里他们没有赖以阐明什么问题,但是当笛卡儿的卓越的方法论——这本书深为我们的时代所赞许和接受——问世以后,所有那些奇谈怪论都烟消云散了。

此后,知识大量地变成机械论;这个词我不需要作进一步的解释,只要指出这个词在这里的意思是说它以清楚和明了的事实为根据就够了。然而,世界上最近才获得的理性的这一巨大进展,尚未十分普及,主要停留在勤奋和博学的人们中间,一般人只能分享很小一部分,因为他们不善于抽象概括,从而对于最平常的事物都难以获得适当的和正确的观念,而是只具有并充满着感觉上的庸俗错误。除非他们在日常劳动中接触到的极少几件事情使他们取得一些经验,例如一个普通的水手尽管非常无知,在实际工作中却能表现为比一个学问渊博的教授更加优秀的机械工作者。

贸易的问题也是如此,虽然买进和卖出或多或少是每个人日常的事,大部分的普通人依靠买卖维持每天的生计,但没有几个人根据真正的原理考虑一般的贸易问题,他们只满足于了解自己具体的买卖,懂得采用哪种方法可以使自己立刻得到利益。出了这个活动范围,任何事情也不会像人们的贸易观念那样虚假和那样充满了错误。还有另一个原因可以说明为什么贸易这个问题似乎比它真实的情况更少为人所了解。因为无论在什么时候,尽管人们像谋求大家所关心的贸易的发展那样谋求公共的幸福,他们通

① 古代欧洲学者把水泵活塞向上运动时水被吸入泵内这一现象,解释为“自然害怕真空”,因而水被吸入。这曾经是一个很受注意的命题。——译者

常却把自己的眼前利益当做善恶的共同标准。还有很多人为了使自己的买卖获得一点利益，不顾别人遭受多大的损失；每人都力求迫使所有其他的人在其交易中卑躬屈膝地为他的利润服务，但还借口说是为了公众的利益。

所以呢绒商经常强使人们购买他们的产品；并且我还可以提到像出售羊毛的那种商人，虽然呢绒商有所亏损，羊毛商却常常强使人们高价购买他们的羊毛。虽然商人获利很少，罐头商总是要把他们的罐头卖得贵些。一般说来，所有那些懒惰的、不干事的或不够积极的、不善于注意为他们田产上的产品寻找出路或自己把它销售出去的人们，宁愿使所有的商人受法律的强制，给他们带来十足的价格，不管那些商人因此获利或者亏损。他们中间始终没有一个人愿意忍受强制，以低于物品自由市场产生的价格出售或出租他们自己的田产。

怪不得现在会从这些因素中产生出一团莫名其妙的错误，由于这种错误，任何已经建立起来的、旨在或至少自命为造福于一般贸易的公共秩序，是很少收到适当的效果的；而是恰恰相反，它大部分已被发现是带有偏见的，从而经过大家的同意，已经取消了。但是，对一篇前言来说，讨论这个问题是多余的事，虽然常常发生很多事例，我现在且撇开不谈，再来谈谈贸易中的一般错误问题。

不久以前，探讨进出口平衡、即他们称之为贸易平衡的问题，甚嚣尘上。有人认为，如果我们输入的商品超过我们输出的商品，我们将走上毁灭的道路。同样地，我们还听到很多反对同东印度贸易、反对同法国贸易的说法，以及其他许多有关贸易的类似的政治上的奇谈怪论；其中大多数随着时间的推移和人们作出的比较精确的判断而解体;可是别的说法又继起取而代之,其原因是,新的一批人得到捏造谎言和鼓动人心的激励,通过利用那些想要耍手腕的人,谋求增进他们的私利。此外,现在由于缺乏硬币,我们又抱怨金银条块的出口或滥用于铸造货币之外的其他途径,把贸易的停滞特别是农村的谷物和牲畜贸易的停滞也归咎于这一点,希望通过一项金银条块贸易的条例和对价格的限制(除非以硬币计算),进行一次彻底的改革,给一切事物以新的生命,以及其他许多的话。我不一一列举了,因为这已经是够大家玩味的了。

现在人们听到下列的说法可能感到奇怪:

就贸易来说,整个世界只不过是像一个国家或民族一样,在这方面各个国家就无异于各个个人。

丧失了对一国的贸易,不仅从个别考虑是对一个国家的问题,也牵涉到世界贸易受到削减和损失的问题,因为所有的贸易都是联系在一起的。

任何贸易对公众不会没有好处,因为,如果有什么贸易证明对公众无益,人们就会抛开那种贸易;不论在哪里,只要商人兴旺了,公众也就兴旺起来,因为商人是公众的一部分。

强迫人们按照任何规定的方式进行交易,可能对于碰巧适合他们目的的那种贸易有利;但是公众得不到什么好处,因为这份利益只是从一个人那里拿来,给了另一个人。

任何法律都不能规定贸易的价格,因为贸易的行情必然而且将会自行确定下来。但是,当这类法律确实碰巧抓得很紧的时候,这就对贸易是个非常大的障碍,因此是不利的。

货币是一种商品,它可能过多,正如它可能过少一样,而那种现象甚至会达到不便的程度。

一国人民不会缺少为进行日常交易所需的货币,并且他们也不会想拥有超过足够数量的货币。

任何人都不会因为获得了很多货币而变得更富些,而且他也没有赢得什么,因为这些货币是花了相等的代价而获得的。

自由铸币是一种大家可以看出的持续进行的活动,人们赖以不断地熔化和铸造,从而由公众出钱来供养金匠和铸币匠。

减低铸币的成色,是互相欺骗的行为,这对公众来说是从中产生不出什么好处的,因为除了内在的价值以外,公众不承认还有其他什么特征或价值。

用减低成色和减轻分量来降低币值,是同一回事。

汇兑和现金支付是同一回事,不过是节省送来送往的手续罢了。

在贸易中,货币出口是能增加国民财富,但是把钱花在战争上,并且在国外支付,这是会使国家陷于极度贫困的。

总之,一味赞成一种贸易或利益,而反对另一种贸易或利益,这是一种错误的做法,大大有损于公众的利益。关于其他许多类似的似是而非的理论,大多数人会感到诧异,其诧异的程度可以说同那些理论所包含的真理成正比;但据我看来,它们显然来源于下面所发表的原理和论文,对于这些,你们可以随便研讨和批评,因为现在我的事情已经办完了。

也许我那不知名的知己会因为我把自己的划桨放进他的船里而感到我太冒失了,我绝不向他辩解,除非是要求也享有他所采取的那种行动自由,即抨击世界上的事情;而直到现在为止,还是他占了便宜,因为他现今有两支桨,由于有了我的一支而划得更快了。就写到这里吧,再见。

论减低利息

赞成减低利息的论据很多，即：

一、利息低了，就会促进贸易，商人就有利可图；反之，利息高了，高利贷者或货币占有者就独吞一切。

二、荷兰人那里利息低，买卖比我们便宜，可以以低于我们的价格出售商品。

三、利息上升，地价就跟着下跌。

还有其他种种说法，其中所举的事实可能是真实的，但那些事实产生于另一个原因，对于引证那些事实的本意没有什么帮助。

我不准备正式答复所有那些通常在有关这一问题的小册子和谈话中能够找到的论证和议论；那样的话就显得我好像是在为收取利息的理由作辩护了。但是我要就全国人民的利益而不是个别人的想法，来不偏不倚地考虑整个问题。在这方面，我希望我所提供的建议可以解决任何可能提出来的疑问，让每一个人按照他认为合适的方式加以应用。

应该考虑的问题是，政府是否有理由用法律禁止贷款的利息超过百分之四，还是应让借方与贷方自行做成交易。

在利息问题的探讨中，必须考虑许多事情，尤其是关于贸易问题。在这方面，一项正确的见解可以纠正一大堆谬误。因此现在我们将主要讨论贸易问题。

贸易不外是多余物品的交换，例如我拿出我能省下来的东西，以换取我所需要的、你能省下来的东西。

因此，当贸易局限于城镇、州或国家的范围时，它就只意味着人们以城镇、州或国家所提供的东西互通有无。

在这方面，谁最勤劳，谁生产果实最多或制造产品最多，他取得别人制造和生产的东西就最多；因此他就不致感到匮乏，而能充分享受衣食住方面真正丰富的方便的东西，虽然他们中间并没有金银等等这类东西。

金属是许多用途所非常必需的，可以被归入世界的产品和制品之列。在这些金属中，金银由于质地十分优良，又比其他金属稀少，所以更受人珍视；少量的金银很合理地被看做在价值上等于大量的其他金属等等。由于这个原因，又由于它们不易损耗，加之因其容易贮藏和携带极为方便，它们不用任何法律的规定就被定为交易的标准或共同的尺度，这是全人类公认的，也是每个人所知道的，因此我毋需进一步详述了。

现在值得探讨的是，由于人类这样地开始进行交换以适应他们的需要，有些人节俭些，有一些人浪费些，有些人由于勤劳和精明从地里生产出超过供应自己消费需要的果实，于是他们把剩余的东西留下来，这就是财产或财富。

这样累积起来的财富，或是用以交换别人的土地(假定所有的人都有一些土地)，或是用以积聚大批货物，不管是上述的金属还是任何有价值的东西。那些富裕的人把财富遗留给后代，因此某些家族变成富族；城市、地区、国家等等就是由这些富有的家族组成的。

我们将会发现,城市里某些人渐渐变得更加富有,他们比别人更为殷实;国家的情形也是如此,它们通过贸易满足邻国的需要,同时从国外获得它们自己所需货物的供应。这样交易以后,其余的东西便贮存起来,这就是金银等等,因为正如我所讲过的,既然金银能交换任何东西,并且体积又小,人们便更乐于把它们贮存起来,到需要时才拿出来交换所缺少的别的必需品。

勤劳和才能就这样把人区分为富人和穷人。其结果怎样呢?一个富人所拥有的土地不仅多于他能经营的,而且多得必须出租给别人,别人给他大量剩余的东西,因此他不必再去操劳了。

另一个富人拥有货物,这就是说他拥有大量的金属、制造品等等,他以此来满足自己的需要,把剩余的东西通过贸易进行交换,这就是供应别人所需要的东西,换取他们所拥有的、超过他们自己所需的东西。通过这种途径,只要经营得法,他一定总是会向前发展的。

要知道,耕种土地的人多于拥有耕地的人,同这种情况一样,就会有许多人需要资金去做买卖;并且(当一个国家已经变得富有时)可供贸易的资金就将掌握在许多没有技能或不愿多费心思在贸易中运用资金的人的手里。

正如土地所有者出租他的土地一样,这些资本所有者常常出借他们的资金;像出租土地得到地租一样,他们从中得到叫做利息的东西,所谓利息不过是资本的租金罢了。在几种语言中借货币和租土地都是通用的说法,在英国有些地区也是这样。

因此当地主或当财主是一回事;地主有利的地方只在于他的

佃户不能把土地带走，而资本的债户却可以把资本带走；因此土地提供的利润应当比冒较大风险借出的资本所提供的利润少。

把这些问题考虑以后，就可以发现，其他东西如谷物、羊毛等等有物多必贱的现象，当它们大量投入市场以致供过于求时，价格就将下降；同样地，如果放债人多于借债人，利息也将下降；所以，并不是低利息促成贸易，而是贸易日益发展，增进了国民资本，使利息下降。

据说，荷兰的利息比英国低。我的答复是肯定的，因为他们的资金多于我们。我没有听说他们制定过什么法律来限制利息，但我确实知道，在今天，商人与商人彼此结账付款时所定的利息为百分之六，而法律认为这是正当的。

我承认，在许多场合下贷款是以百分之三到四的利息计算的，但这是有抵押的，政府要从中收税，并且按照以地契作抵的惯例，这种交易是很安全的；这还得到个人的同意和承认，不受强制，也未经法律规定。类似的情况往往在这里发生，那时可怜的孤儿寡妇为了求得日常的生活有保障并能如期收回借出的款项，按低息把钱借给这样一些并不需要钱用的人。

在这里谈一些关于国外的公立银行，例如阿姆斯特丹、威尼斯等地的银行，也许不是不适当的，但这个题目我没有时间详加论述。我只会说，一下子就为政府提供巨额款项，是一种巧妙的办法：只要政府继续存在，这些银行就不会因这种贷款而遭受损失，也不会有很大的麻烦；因为法律规定所有的汇票都只能在银行兑付，没有别的途径，对于经营汇兑的商人来说那是最好的办法，当他们需要钱用时，不难出售他们的信用凭证，其价格像其他东西一样,按需求者的多寡而涨落。

我不清楚两家银行付利息的实际情况,固然它们有若干种基金,那两家银行就是威尼斯的造币厂和阿姆斯特丹的商会,连同在这些城市和其他城市中的其他一些机构,那里发放有利息的无期贷款和其他方式的贷款,有不同的利率,其高低取决于那些基金作为保证金的信用程度;这些机构可能是被错误地叫做银行,而它们事实上并非银行,只不过是像伦敦的商会、东印度公司等等那样的机构罢了。

我确实相信,高利贷者照俗语所说,一定会觉得拿半个面包总比没有面包好。但我敢断言,高的利息将使贮藏的货币、金银器皿等投入交易,而如果利息很低,这些东西就会被阻止投入市场。

许多拥有巨量财产的人,为了排场和体面,保存着大量的金银器皿、金银首饰等等,当利息很低时,他们肯定会比利息高时更倾向于这样做。

至于那些除了货币的利息就没有什么东西可以用来维持生活的人,一定会出借货币或者自己用它来做买卖,满足于所能获得的收入;但这一点对其他许多人却并无妨碍,因为他们富裕,生活并不窘迫,如果利息很低,他们就宁可把资金用于收购首饰、金银器皿等等,而不愿冒出借的风险,为了一点微不足道的收入去同许多告贷者那样的穷人和坏人打交道。

因此,无可否认的是,降低利息可能或者还势必使得一些货币不能流传出来以投入贸易,而与此相反,提高利息肯定会促使货币在市场上出现。

其次应当考虑的是,借钱的人和放债的人之间的交易有两种:

一、根据抵押或典当。二、根据个人担保，即凭一纸债券或附有保人。这两种办法的价值颇有不同，因此应当有理由带来不同的酬报。难道任何人都得按照别人凭抵押和具保以借出款项的同样条件来放债给人家吗？

还应当考虑的是，在我国用以生息的货币放给商人去经营业务的还不到十分之一，大部分是借给这样一些人去维持奢侈生活和日常开支的，这些人虽然是大地产的所有者，但花起钱来比他们的地产提供收入来得快，他们不愿出卖自己的地产，宁愿拿去抵押。

因此，老实说，利息的减低只会助长奢侈而不会促进贸易。穷商人缺乏资本，甚至根本没有资金，他们不时向富人购买货物以维持生计，从而支付利息，其利率不是百分之五、六或八，而是百分之十、十二或更多。这不是任何立法机关所能阻止或纠正的。

也许有人会说，让他付息借款而不要时常向富人赊购货物吧。但那就必须找到愿意贷款的人；立法机关必须筹措一笔可供告贷的基金。

出海贸易会遇到这样的情形，通常是利息高达百分之三十六，人们称之为重利盘剥。这是无法纠正的，如果纠正了，许多船舶的建造和出海都势必中断；归根到底，通过上述的办法，不仅是一般公众，而且是有关的私人，大概都是利益的获得者。

这样，在把所有的问题考虑以后，我们就会发现，对国家说来，最好是让借贷双方按他们的实际情况自行订立契约；在这样做的时候，你会仿效人们往往为此而引证的聪明的荷兰人的办法。这样做的结果是，当国家兴旺而变得富足时，人们可以根据优惠的条件借得款项,但是当国家愈来愈贫困时,则将产生明显相反的结果。

试问,在利息百分之十和百分之十二的那些贫困的国家里,立法者为什么不为了人民的利益制定法律来限制利息并减低利息呢?如果他们居然想这样办,他们就会立即发现,这种法律是收不到效果的。因为,要是借债的人多于放债的人,如在贫困的国家里那样,有一个富人有一百镑可以出借,就有四五个或更多的人争想得到这笔债款,那么人们就会用秘密协议规避法律,如以货物借贷,或开出支票,或采用其他种种方法,法律是无从防止的。

这样的情况是可能的:法律限制货币的利息,低于交易原因决定的市价,这时如果交易者不能(我们假定)回避这个法律或者回避这个法律不能不有极大的困难或危险,而根据合法的利息他们又无贷款可借,以购进或增加他们的存货,那么很多贸易将被砍掉,对贸易来说,没有比这会造成更大的障碍了。考虑到以上这些事实,可以得出一个普遍的准则,就是,像买者多于卖者商品价格会上涨一样,借者多于贷者,利息也要上升。

国家可以本着同样公平的精神制定法律,把历来地租每英亩十先令减为每英亩不超过八先令,正如货币或股本的利率从百分之五减为百分之四一样,而地产的质量不变,王国财产的多少也不变。

我对反对货币利息的神学上的论据不想说什么;根据这些论据,百分之三利息不见得比百分之四或百分之十二更合法些。但是出于政治上的考虑我将坚持这一点,即如果你取消利息,那你就是取消借贷。这样做的结果,那些入不敷出的绅士,不管他们有什么原因，必须出卖土地，不能抵押；这样将使土地价格下降。而贸易者，不管他的本领怎样，如果他没有资金，只得或者坐着无所作为，或者去赊购，这样就存在变相的利息。至于那些穷人，将永远穷下去，而我们大家将很快倒退到一千年前的情况中去了。

现在国民的资财被认为是巨大的，然而如果公正地计算了它的价值，我们就会发现，它要比估计的少得多。因为用土地担保得来的全部货币，都必须除掉，不应计算进去，否则你这笔账就是错误的。如果一个绅士每年收入五百镑，欠债八千镑，而你既计算了他的土地的价值，又计算了他用土地抵押来的资金，你把同一东西计算两次了。

这样，我们把本国有钱人的数量算大了，其实他们人数不多；因为假定所有那些在抵押条件下借出货币的人，已经把自己的货币换得了土地(从法律的严格意义上讲就是这样)，那么国内剩下的有钱人就不多了。从这个人借钱去还另一个人，这叫做抢彼得的去还保罗的。如今此道盛行，使我们认为我们的国家远比实际富有得多。

论　铸　币

在前面的讨论中，已经清楚地叙述了，由于金银的稀有，少量金银的价值就等于数量大得多的其他金属，等等。此外，由于易于携带，便于保管，金银还成了世界上人们交易的通用尺度，不管交易的是土地、房屋等等，还是货物和其他必需品。

为了对这个便利品作较大的改进，并消除一些在日常交易中遇到的、本来是非常麻烦的、关于怎样知道量和质的困难，王公们和各个国家曾把确定各枚我们称之为铸币或货币的成色并决定其重量即分量一事，促成为公众关心的事情；这些都借印记和文字加以识别，以使伪造困难，而且要对伪造者判以严刑。

通过货币媒介，进行世界贸易就容易了，所有种类繁多的商品都有了一个通用的尺度。而且，这样被铸成货币的金银，对商业来说较之生金银形式更为有用，因此除了在自由铸币以来的英国，货币形式的金银处处合理地获得比生金银所具有的更大的价值。这超过的价值不仅高于实际造币费用，而且成了国家的一项收益（以往并非如此），虽然数量并不很大。反之，如果银子被铸成货币或未被铸成货币市价是相同的，如我们英国的情况，那里铸币费用由公众负担，那么银币常常易于被熔化，这一点我将在下面叙述。

因为货币是买和卖的通用的尺度，所以每一个要卖东西而找不到买者的人,总以为他的商品卖不出去是因为王国或国内缺乏货币,因此到处都叫嚷缺乏货币。然而这是一个大错误,下面将要谈到。我认为贸易的一切停顿有一些原因,但并不是由于特殊货币的缺乏,而另有其他原因,下面将讨论这个问题。

谁也不会因为用货币、金银器等形式把自己的全部财产留在身边而变富,相反,倒会因此而变穷。只有财产正在增长的人才是最富的人,不管他的财产是农场的土地,还是放出去生息的货币,还是投入商业的货物。如果有人出于一时的高兴,把他的全部财产换成货币,并死藏起来,他就立即感到自己的穷困随着吃空活资本而增长。

但是深入考察一下,那些叫嚷缺乏货币的人究竟要什么呢?我从乞丐谈起,他要货币,乞讨货币,如果他有了货币,那么他将用它做什么呢?买面包等等。那么实际上他要的不是货币,而是面包和其他生活必需品。再看,农场主抱怨缺乏货币,肯定不是由于乞丐的原因,即为了维持生活或还债;而是他以为,如果国内有较多的货币,他的货物就可以卖到好价钱。因此,看来他要的不是货币,而是他想卖又卖不出去的谷物和牲畜的好价钱。如果有人提问,既然缺乏货币不是原因,那么什么是他卖不到好价钱的原因呢?我的回答是,必定不外乎下列三个原因之一。

(1)或者是因为国内谷物和牲畜太多,到市场上来的人多数都像他那样要卖,但只有少数人要买。(2)或者是因为运输不便,通常的出口停滞,例如在战时,贸易不安全或不准进行。(3)或者是因为消费缩减,例如,人们由于贫困,不能再花费过去那样多的生活费用。可见,最终有助于农场主出售货物的,不是增加货币,而是消除这三个真正造成市场缩减的原因中的任何一个原因。

批发商和零售商也同样要货币,就是说,因为市场停滞,他们要把他们经营的货物销售出去。不论发生哪一个原因,市场总要停滞,我在上面已经说过。现在为了考虑,什么是财富的真正泉源,或者用平常的话来说,充裕的钱是从哪里来的,我们必须稍稍回顾一下贸易的性质和各个步骤。

前面叙述过,商业和贸易首先起源于人类劳动,随着资本增长逐渐扩大。如果你假定,一个国家除了土地本身和居民就一无所有,那么很明显,首先,人民只有土地所产的果实及大地深处开采出来的金属可以投入贸易,或输出国外,或卖给愿意来购买这些东西的国家,通过这样的途径,他们才可能得到自己所需要的别国的东西。

随着时间的推移,只要人们勤劳,他们不仅得到供给,而且能达到外国货品的大大过剩,这种情况如得到改善,就会扩大他们的贸易。所以,英国不仅愿意把本国的产品,例如毛织品、锡、铅等,而且还把购自其他国家的东西,如糖、胡椒、白布等,卖给法国人、西班牙人、土耳其人等等,而且他们还廉价自产地购买货品,把它们运输到需求它们的地方去,由此得到巨大的好处。

在这个商业交往中,金银与其他商品毫无区别,人们从金银多的人手里,拿来转交给缺少或需要金银的人,从而获得像贩卖别的商品一样多的利润。因此,一个积极的精明的民族变得富有起来,懒汉则越来越穷;这里除了勤劳不可能有什么别的策略。这个策略一经引用并加以实践,一定会有利于贸易和财富的增长。

但是,这一本身是如此简单而明显的道理,却难得为人很好地理解，以致不能为大多数人所接受。但是他们却想通过法律的力量把贸易带进来的一切金银保持在国内，期望由此而直接变富。这一切不过是一种奇妙的幻想，已经成了障碍，阻碍了许多国家财富的增长。

如果拿一个商人为例，或者你愿意说得更确切一些，拿一个城市或一个州郡为例，情况就更为明显了。

让我们制定而且更重要的是遵守这样一条法律：无论谁都不准把货币从某一特定的城镇、郡或地区携带出去，却可以自由地携带各种货品，这样，每一个人所带进的全部货币必须被留下，任何货币都不会被带出去。

其后果将是，这样的城镇或郡就会同国家的其余部分割断联系；任何人都不敢带着自己的货币到那里的市场上去，因为，不管他喜欢与否，他总得购买。另一方面，那里的人不能作为买者，只能作为卖者，到别的市场上去，因为他们不允许把任何货币携带出去。

现在，像这样的体制很快就会把城镇或郡导致不幸的境地，而他们的邻人却享有贸易自由，因此勤劳的人通过自由贸易从人类中那部分懒惰和讲究奢侈享乐的人那里获得利益，情况不正是这样吗？如果你把你的思想从一个单独的国家，从这个国家的几个区、几个城市，包括其中的居民在内，扩大到全世界，到世界上一些国家和一些政府，那么情况也是相同的。一个国家如果限制自己的贸易，其中金银即使不是占本质部分，也是占重要部分，这个国家将会遭受损害而变穷，就像一个单独的地方在一个国家内一样，这我已经论述过了。就贸易来说，一个国家在世界上的地位，无论哪一方面都同一个城市在一个王国中的地位,或者一个家庭在一个城市中的地位一样。

既然贸易的增长必须被认为是财富和货币增长的唯一的原因,我愿意对这个题目再补充几点深一层的意见。

对贸易的主要刺激,或确切地说,对勤劳和才智的刺激,是人们贪得无厌的欲望,他们愿意付出辛劳以求满足,当没有别的东西能推动他们去工作时,就是这种欲望推动他们去工作的;假如人们仅仅满足于生活必需品,我们的世界将是一个贫穷的世界。

贪吃的人努力工作是为了购买精美食物以飨自己;赌徒要钱是为了去赌场冒险;守财奴则为了贮存;以及其他等等。在这些人对这些欲望的追求中,其他比较不那么贪心的人也是得到好处的;虽然可能有人认为很少人能从守财奴那里得到利益,然而我们会发现情况并不是如此,如果我们考虑到除了每一代人都乐于浪费别人积聚的财富的这种特性以外,从一个贪得的人身上也能得到好处,因为如果他用自己的双手进行劳动,他的劳动对其雇主是非常有利的;如果雇主不工作,而从其他人的劳动中得到好处,那么那些被他雇来劳动的人,由于被雇用也得到了好处。

有禁止奢侈法律的国家一般是贫穷的,因为,当人们受这些法律限制,其花费范围较没有这些法律限制时来得狭窄的时候,他们的勤劳和才智同时受到挫折,而这种勤劳和才智他们本来会用来获得钱财,以维持自己,按照自己的愿望充分予以花费。

禁止奢侈的办法对于维持家庭生活也许是可行的,但国家财富的增长却因此受到阻碍,因为财富唯有在从一个人的手到另一个人的手的不断转移中,才会更快地增长。

那些财产较少的人看到别人变得富有高贵，就起而仿效他们的勤劳。一个商人看到他的邻居有一辆马车，立刻就竭尽全力想去置备一辆，常常因此而弄得财力枯竭；但他为维持虚荣所做的特殊努力，对公众却是有益的，虽然对他本人说来，不足以说明他的错误做法有什么好处。

认为国内贸易并不能增长一个国家的财富，而财富的增长只能来自国外贸易，这种观点将会遭到反对。

我的回答是，一般被理解为财富的如丰盛、华丽、阔气等等，没有对外贸易是不能维持的。实际上，对外贸易没有国内贸易也是不可能维持的，两者是结合在一起的。

我已经涉及关于贸易和一般财富的问题，由于我对它们有一个正确概念，这将纠正许多通常所犯的错误，更特别有利于我首先要证实的这个命题，那就是，金银和用金银铸造的货币无非是衡量的尺度，有它们比没有它们更便于交易；此外，它们又是适于存放多余资本的特殊基金。

为了确认这一点，我们也许应注意到，一些非常贫困的国家，它们缺乏货币，在最初贸易的时候常常使用一些其他东西，例如瑞典曾经使用过铜，各大垦殖区曾使用过糖和烟草，但并非没有很大的不便。后来财富增加了，金银被引了进来，金银便驱逐了其他交易手段，现在各大垦殖区的情况几乎都是如此。

并不是绝对必须要有一个制造充足货币的铸币厂，虽然有这么一个厂是非常有利的，而且没有铸币厂的地方，由于缺乏铸币厂而使正当利益受到损失。因为我们观察到，没有铸币厂的地方，贸易并不曾缺乏货币的充分供应，因为如果缺乏货币的话，其他王公们的铸币将会流通,如爱尔兰和一些大垦殖区的情况就是如此。土耳其的情况也是这样,在那里,国家的货币每枚价值太小,不便于巨额支付,因此土耳其统治地区得到几乎全部基督教国家铸币的供应,所有铸币在那里都同样流通。

但是,一个使用外国铸币的国家在这点上有很大的不利,因为他们取得铸币需要向外国人支付,如果他们有自己的铸币厂,他们可以自己制造。因为如前所述,铸币价值超过未铸前的同样重量和同样成色的银子所具有的价值;这就是说,你可以用货币购买超过货币本身重量的同样成色的未铸的银子。这就是外国人在铸造上所享有的好处。

如果有人说,有时出现了相反的情况,铸币流通所得少于生银出卖所得。我的答复是,凡是发生铸币贬值的地方,铸币将会被熔化为条块,从熔化中获得直接的好处。

因此,情况看来就是这样,如果你们没有使你们增加货币的造币厂,如果你们现在还是一个富裕民族,而且经营贸易,那么你们不可能缺乏你们经营所需的特殊的硬币。

第二点要指出的是,如果你们的贸易带给你们非常多的货币,你们从货币的形态中就得不到什么好处,就像条块一样,只不过在运输时货币比条块方便许多。

因为当货币的数量增加到超过商业的需要时,它就不会比未铸造的银子有更大的价值,因而有时就会被熔化。

因此,不要让对特殊货币的关心来这么严重地折磨我们;因为一个富裕的民族不可能缺乏货币,如果他们不制造货币,他们将会得到别国铸币的供应;如果从国外带进极多的货币,或者在国内铸造极多的货币，凡是超过全国商业所需的，都只是金银条块，并且只会被当做金银条块对待；铸币就像旧金银器一样，只能按它所含的成色出卖。

自从英国建立自由铸币制度以来，曾制过大量铸币，我就拿这来作证吧。这些铸币哪里去了？没有人会相信这些铸币都存在国内，而且它们也不可能全被输出了，输出铸币是要严惩的。情况明摆着，我坚信输出的是微不足道的，全都被回炉熔化了。

情况更是如此，正因为回炉非常容易而且有利可图，并没有任何被发现的危险，这是人所共知的事。我知道没有一个聪明的人会怀疑，新币准是走这一条路。

金银像其他的商品一样，有它的来潮和退潮。只要从西班牙运到一批金银，铸币厂一般给予最好的价格；那就是以铸银换生银，分量相等。为什么要送往伦敦塔去铸造呢？不久又会需要金条和银条，以便再输出。如果金条和银条都没有了，恰巧都用来造成铸币了，那怎么办呢？那就把铸币再熔化；这不会有什么损失，因为所有者对铸造不用花费分文。

这样，国家受到损失，不得不为了喂驴子而支付捆草料的费用。如果商人必须支付造币费，他就不会轻易地把他的银子送到伦敦塔去了，而且铸币总是会比未铸的银子有更高的价值了。现在铸币远不是这种情况，在很多时候比银子低得多，通常铸有西班牙国王头像的硬币在这里每一盎司比我们新币价值多一个便士。

最近很多年以来，这个国家曾受到，而且现在仍在受到因剪币的陋习而产生的压力，这对它的智士说来是一个很大的错误；至于爱尔兰人，我们在和平时期是那么嘲笑他们，可并不那么会受欺骗,他们把他们称之为科布斯(刻有八个R字样的西班牙币)的铸币一个个称过。这种错误与其余的错误一样,都出自同一个来源,不需要其他防止办法,只要停止剪币流通立即就可得到纠正。关于这个问题,我将谈谈我的看法。

有人非常担心,如果剪损的货币不为人接受,就会什么货币也没有了。我肯定,只要剪损的货币为人接受,就不会有不剪损的货币。世界上很少有什么民族或人民对减少了分量的货币论个儿计算,只有英国人才这样干,这岂不奇怪吗?

一枚新的半克朗铸币,如果它的边缘受到极小的剪损,就通不过;相反,一枚旧的半克朗铸币剪损到边缘以内,实质上不值十八个便士,却仍能流通,这是什么道理呢?

我不知道原因,为什么一个人愿意接受这一枚,而不愿意接受那一枚;我肯定,如果剪损了的新币通得过,那么新币很快都会被这么对待。我一点也不怀疑,除非停止剪币流通,不用很久每一块旧币都会被剪损。

如果,由于现在怕出弊害,而对这一点不加防治,那么当货币剪损得更厉害时,又将怎么容忍呢?肯定,最终它将变得不能忍受,而像格罗特*那样自行纠正;大家留心着吧,这在某个时候就会发生的;我们大家都尽可能把这种弊害的日子往后推延,但最终它肯定是要到来的。

我并不认为这个巨大的弊害是这么难以防治,也不会要付出那么大的代价,如有些人断定的那样;相反,如果作适当处理,就可

* 格罗特(Groat)系英国古币,值四便士。——译者

以防治，不会有难以忍受的损失——损失是会有一些的，而且还相当可观；但是当我反复考虑损失将会发生在什么地方时，我便不能认为这种损失是重大的。

一般认为，除非收回所有旧币，并予兑换，否则没有别的办法，为此，整个国家必须通过一项普遍的税收来进行资助；但是我并不赞同这种方法，理由有好几条。

因为这将是一件非常麻烦的事，将需要许多人手去办理，他们会期待得到而且应当得到良好的酬报；这会增加弊害，增加工作的代价；对执行这种方法的人的信任也是很大的，而且可能会被广泛地辜负的。

现在，在我对进行回收兑换这件事发表意见之前，先来计算一下损失，我不打算估计损失的总数，但以一百镑为例也能反映出同样的情况来：一百镑中完整的新币可能有十镑，还余九十镑；我想假定其中一半是剪损的货币，一半是好的；因此一百镑中将有四十五镑有某种损失；那一定不会超过三分之一。因此我认为百分之十五为剪损货币的损失，这是最大的损失了。在这种计算中，宁可把损失估计得大些，这是最保险的。

现在，如果认为是合适的话，国王在接受国库的一切岁入中，禁止接受剪损的货币，除非人民愿意以货币重量每盎司五先令二便士的值来支付而且将每一枚货币切成两半(这必须特别有效地保证做到)。我承认这将引起很大的惊讶，但是不会引起很大的抱怨，因为除了要求英国臣民以合法的货币付税外，并不要求任何别的东西。

那些要支付的人，必须或者寻找好的货币，或者把他们的剪损的货币切成两半,以这样的条件同它告别;通过这样的例子,同样也会出现这样的情况,在短时期内所有的人在日常支付中都将拒收剪币。

现在让我们来考虑一下,损失会落在谁的身上,这个损失我已经估计大约为百分之十五。

我们往往过高估计流通货币量,因为我们常常看到货币,但过手就不再认识它了;因为我们不愿去考虑货币在一个地方只停留多么短暂的一会儿;虽然每一个人希望得到它,然而没有一个人或非常少有人喜欢保持它,他们只是千方百计地立即去处理它;他们知道,一切呆死贮存着的货币是产生不出任何好处的,倒只会产生某种损失。

商人和贵人多半把钱交给金匠和放债人处理,而他们并不需要如他们的账目所表明的那样在身边保有一万镑现金,以便即刻支付给别人,实际上他们很少有一千镑硬币;他们依靠经商,在贸易的过程中,货币去得快,来得也快。因此我断定,这个国家的特有货币远比通常认为的要少。

现在假定剪币带来的一切损失都将落在有现钱的地方,这在很少地方会出现严重的情况。这对贮存的货币不会造成很大损失,因为那些想要贮藏的人,一定会贮藏好的货币。这对穷人的影响也不大,因为穷人很多时候分文没有;如果他有一点钱的话,多半数量很小,难得一下子有五个先令。租地农民一有收入就会支付给他们的地主,因此不大会刚碰上他身边有许多钱。所以损失主要将落在商人身上,商人有时可能有几百块银币,但常常没有多少金镑。那些在那个时刻刚碰上有这么多现金的人将会遭到损失。

简而言之,剪损的货币是一个弊害,容忍它存在愈久,就愈难克服。如果这样造成的损失由公众负担(通常的设想就是如此),那么麻烦是很大的(这已经表现出来);但是用另一种方法来防治,就不致有像大多数人所想象的那么可怕的怨言。

因此可以得出结论,如果这些被匆忙地、混乱地加以拒绝的理由得到适当的考虑,我并不怀疑我们的看法是会一致的,那就是:阻碍贸易的法律,不论是关于对外贸易或是国内贸易,不论是关于货币或其他商品,都不是使一个民族富裕、使货币和资本充裕的要素。但是如果获得和平,如果维持公正的司法制度,航行不被阻挠,勤勉得到鼓励,让勤勉的人得到荣誉,根据财富和品质在政府中就业,那么国家的资本将会增加,结果金银将会丰富,获利将会容易,货币不会缺乏。

附　　录

在对前述问题作进一步考虑后，
我认为应当补充下列各点意见。

一个国家变富了，金银、珠宝以及各种有用的或人们想望的东西（我已经讲过）就会多起来；大地的果实就能比以前人们较贫穷时换得更多的金银、珠宝等等。例如昔日一头肥牛能卖得的先令的数目不会多于现在能卖得的镑的数目。劳动者的工资和其他一切东西也都发生了同样的情况：这证实了我所建立的一条普遍原理，那就是，东西多了就会便宜。

因此，由于现在金银多了，人们以自己的劳动、谷物、牲口等等所换得的金银要比五百年前多得多，必须承认，那时许多方面的东西都远不如今天多。

尽管如此，我发现许多人似乎愿意承认，国家现在富有的是器皿金银、条块金银；但是他们仍然认为，开展贸易所需的货币是缺乏的，并且认为，如果特殊铸币能更多一些，贸易将会增长，各种商品将会有更好的销路。

这是一个很大的错误，我认为前面的文章已经指出。但是，为了进一步阐明问题，请大家考虑：货币是铸币厂生产的金银制品，现在如果原料已经具备，工人也有了，那么再说制品是缺乏的，这便荒谬了。

例如：如果你有谷物，你还会缺吃吗？把谷物送到磨坊去就行了。如果你说是的，但我缺吃，因为别人不愿把他们的谷物送去磨，而我又一点谷物也没有。那么你就向他们购买谷物吧，你自己把它送到磨坊去。这种情形同货币的情形是完全一样的。一个非常富有的人拥有许多贵金属器皿，他是为了荣誉和炫耀自己；对此，一个较穷的人想，如果把这些器皿铸成货币，那么公众，包括他自己在内都会得到好处。但是，他全然想错了，除非你同时迫使这个富人挥霍完他的新铸的货币。但他是不会那样做的。

因为，如果把新铸的货币贮存起来，我肯定，情况并不会得到改善；如果他用这些货币去交换钻石、珍珠等，情况仍是一样，货币只不过从一个人的手转到另一个人的手而已；而且货币可能被运往印度群岛去购买那里的宝石；再则，如果他用以购买土地，货币也无非转转手而已，除了这些商人之外，对谁来说情况也仍然一样。货币总有一个所有主，乞丐绝不会拿钱去吃喝玩乐，而必定会通盘考虑，用来交换有价值的东西。

如果禁止使用贵金属器皿，那么这就是一种禁侈法，像这样的法令对这个国家的财富和贸易将是一个巨大的障碍，因为现在每一个人的家里都有贵金属器皿，这个国家就具有稳固的基金，基金就是全世界所想望的，并乐意从我们手中抽走的这些贵金属；如果不准人们有那种自由，那么贵金属的失去比有自由时要快得多。因为穷商人，由于立志要使自己碗柜里有一个贵金属器皿，会比如果这种心情受到限制时更为努力工作，以求购得它。这一点我在别处讲过了。

开展国家贸易需要一定数量的特殊货币,这个数量是有变化的,有时需要多些,有时需要少些,视我们所处的情况而定。战时要求货币比和平时期多些,因为每一个人希望自己身边保持一些,以应急需;不会依赖交易中流通的货币,如他在和平时期所做的那样,因为和平时期的支付要肯定得多;他认为在战时依赖交易中流通的货币,是欠考虑的。

货币的来去和多少,会自行调节,并不需要政治家们帮忙。因为一旦货币稀少了,开始被贮存起来,造币厂便立即工作,直到需求得到满足为止。另一方面,当和平动用贮存,货币又多了,不仅造币厂停止生产,而且多余的货币将立即被熔掉,要么用来供应国内贸易,要么就输出。

因此,货币就这样交替调节:货币少了,金银块就被铸造成货币;金银块少了,货币就被熔化。我不承认两者会在同一个时候都缺少,因为那是一种贫困状况,除非我们的财力耗尽,否则不会出现这种状况,而这不属于我的题目。

有些人幻想,如果通过一个法律,在一切交易中,把一盎司银子限值为五先令,而在伦敦塔铸币厂,同样一盎司银子被铸成五先令四便士,或五先令六便士,那么英国所有的银器将会立即被铸造成货币。对这个问题的回答简而言之是:他们依靠的原则是不可能实现的。法律怎么可能阻止我用我乐意给予的东西去交换别人的东西呢?有千百种方法可以用来逃避这个法律。如可以这么办:我绝不给他,他也不会得到超过五先令价值的一盎司银子;我可以付给他五先令,再送给他四便士或六便士;我可以与他物物交换,这样计算，或者获利更大；如此等等，巧妙的办法是无穷无尽的。

但是，假定这个法律生效的话，并且通过这个方法，英国所有银子都被铸成了货币，情况又怎样呢？每个人在衣着、车马随从、家用等等方面的消费会比平常更多吗？我不相信；情况会恰好相反，因为上流社会和民众在他们屋子里欣赏银器等的嗜好受到挫伤，多半会抑制一切其他消费，所以，如果这个办法能够实施的话——我认为它是不可能的——，非但得不到所期望的效果，它将会带来禁侈法所具有的一切危害。

只要货币分量减轻了，或者成色减低了（这是同一回事），效果会从生金银的价格上直接反映出来。因此，实际上，你只是改变了名称，而没有改变实物。不论有什么区别，佃户和债户是得到了好处的，因为租金和债款将比以前需要支付的少了，这是指相同数量的内在价值而言的。

例如：某人在以前收到租金或债款三镑二先令，可以用它购买十二盎司或一磅纯银；但是，如果一枚五先令银币，币值比现在低了三便士，那么我确信，你用少于三镑五先令便不能买到一磅这样的银子，而且不论直接或间接，一磅银子总是值这么多。

但有人说，我们愿意用五先令购买一盎司银子，因为这是国会制订的价格，谁也不敢以高于此价出售。我的回答是，如果他们不能高价出售，他们会用以铸币；究竟有哪个蠢人，如果他可以把一盎司银子铸成五先令五便士货币，还愿意以五先令价格去出售呢？

因此，我们可以费力筑篱去围杜鹃鸟，但这是徒劳的，因为从来也没有一个人是靠政策致富的；而和平、勤劳和自由却能促进贸易和财富，此外别无其他途径。

图书在版编目(CIP)数据

贸易论:三种/(英)托马斯·孟,(英)尼古拉斯·巴尔本,(英)达德利·诺思著;顾为群等译.—北京:商务印书馆,2017
(汉译世界学术名著丛书:120年纪念版:珍藏本)
ISBN 978-7-100-14057-7

Ⅰ.①贸… Ⅱ.①托… ②尼… ③达… ④顾… Ⅲ.①经济思想—研究—英国—近代 Ⅳ.①F095.614.1

中国版本图书馆CIP数据核字(2017)第133366号

汉译世界学术名著丛书
(120年纪念版·珍藏本)
贸 易 论
(三种)
〔英〕托马斯·孟 尼古拉斯·巴尔本 达德利·诺思 著
顾为群 刘漠云 陈国雄 吴衡康 译

商 务 印 书 馆 出 版
(北京王府井大街36号 邮政编码100710)
商 务 印 书 馆 发 行
南京爱德印刷有限公司印刷
ISBN 978-7-100-14057-7

2017年12月第1版 开本 710×1000 1/16
2017年12月第1次印刷 印张 9¼
定价:58.00元